JAIBER PÉREZ VARGAS

EL DINERO ESTÁ EN LA MENTE

ISBN: 978-628-01-3873-2

Segunda edición: agosto de 2024
Primera edición: julio de 2021
Corrección: Lina Velásquez y María José Pérez
Diseño y diagramación: Carolina Velásquez

Hecho en Colombia / Made in Colombia

www.jaiberperez.com
gerencia@clubdedivisas.com
+1 7543024182

Contenido

Agradecimientos

Este libro es el resultado no solo de mi esfuerzo, sino también de la contribución y el apoyo de personas fundamentales en mi vida. A todas ellas, mi gratitud infinita:

A María José Pérez, el motor de mi vida, cuya presencia es mi impulso constante y mi inspiración diaria.

A mis padres, María Cecilia y José, cuyas enseñanzas y valores han sido la brújula que me ha guiado a lo largo del camino.

A mi hermana Claudia, con quien comparto la confianza y la complicidad, y cuyo apoyo ha sido incondicional en cada paso.

A Carolina Hernández, mi compañera de vida, siempre atenta al detalle y con el corazón puesto en buscar lo mejor para los demás, especialmente para mí.

A Alex y Claudia Carolina, quienes formaron parte activa de este proceso, aportando su tiempo y esfuerzo para que este proyecto llegara a su conclusión.

A todos ustedes, mi más profundo agradecimiento.

Las Creencias

Las cosas que no vemos son aquellas que realmente nos hacen el juego en nuestra vida, vivimos en un mundo donde solo nos fijamos en la consecuencia, sobre todo cuando descuidamos o no somos conscientes de la causa.

Las creencias funcionan como un virus mental, un código malicioso que se instala en lo más profundo del inconsciente, inclusive muchas veces, en el vientre materno, dejándonos desprovistos de toda capacidad de reflexión o análisis, ya que subyace, se activa, se actualiza y se autorregula constantemente con nuestro sesgo de confirmación.

Quiere decir que comenzamos a vivir nuestra vida de acuerdo a las creencias que tenemos instaladas, cuando eso ocurre es muy complejo identificarlas porque funcionan en automático.

Las creencias requieren muy poco esfuerzo para funcionar, ya que se activan de forma desencadenada una tras otra. Si lo pensamos bien tenemos infinidad de creencias en muchos ámbitos de nuestra vida, unas incluso pueden ser de poder: "yo puedo", "soy inteligente", "tengo el poder", pero la inmensa mayoría son absolutamente limitantes.

Existe un circo en Asia llamado "Circo de las pulgas", se trata de alguien que tiene pulgas dentro de un vaso. Al principio del entrenamiento el vaso tiene una tapa, la pulga intentando salir de ahí salta con fuerza golpeándose fuerte contra la tapa, después de unos cuantos intentos, la pulga prefiere comenzar a saltar cada vez de forma más débil, evitando chocar contra la tapa, es en ese momento que el adiestrador, puede quitar la tapa con confianza, puesto que la pulga jamás volverá a saltar tan alto como para escaparse. La pregunta es ¿cuántas tapas tenemos? ¿de qué forma nos han limitado nuestra capacidad de dar siempre lo mejor de nosotros?

Al igual que un computador al que un virus ataca de forma repetitiva, haciendo que se agoten los recursos de la máquina y llegando a un punto en donde esta se caliente más de la cuenta, una creencia se repite una y otra vez logrando que nos sintamos incapaces de quitarla de nuestra cabeza, llegando inclusive al hábito de la dejadez, impidiendo que seamos personas productivas, sanas y felices.

Somos complejos como seres humanos, aparte de todas estas creencias que alimentamos en los primeros años de nuestra vida, también venimos con la información genética, fruto de nuestros antepasados, que a través de sus propios procesos, fueron dejando poco a poco su herencia en nuestros genes. Nuestros ancestros vivieron épocas bastante complejas, que no se comparan en su dureza con la vida tranquila que vivimos nosotros. En el caso de América, por ejemplo, nuestros antepasados (bisabuelos, tatarabuelos) llegaron a este continente huyendo de hambrunas, pestes y guerras, trayendo tras de sí historias de escasez, de carencias, de dolor. Desde el miedo, llegaron a perpetuar ese sufrimiento a través de sus hijos, y mediante tradición oral, vamos repitiendo como un museo ambulante la vida que ellos llevaron, aunque estemos ahora en un contexto totalmente diferente.

Esa es la magia de las creencias, actúan solas, vienen en nuestro sistema operativo y luego, comenzamos a cablear nuestro cerebro con el entorno que estamos viviendo, haciendo que esto nunca cese.

Las creencias vienen en forma de paquetes, a través de una prosa que a veces se convierte en trampas lingüísticas. Los famosos refranes son uno de los mayores perpetradores de las creencias de generación en generación, como aquel que dice "más sabe el diablo por viejo, que por diablo". Cuando pequeños no tenemos las herramientas ni el poder para refutar un refrán que es dicho por alguien de poder para nosotros, quien nos alimenta, quien nos da abrigo, quien nos enseña y quien nos cuida es la autoridad, por lo tanto, no es fácil expresar inconformismo y lo mejor es hacer caso. De hecho, obedecer es una de las primeras fases de acoplamiento a las creencias que un niño tiene para pertenecer a un clan. Esa es la misma capacidad de amoldamiento que nos mantiene fieles a nuestro núcleo habitacional, a las redes neuronales envejecidas, de museo, atemporales en las que vivimos.

Obedecer y seguir las reglas hace que lentamente muera el espíritu, sobre todo si muchas de esas reglas son injustas, anacrónicas, sin lógica y que no resisten una simple reflexión.

"Es que así es", "así es como siempre se ha hecho", "¿por qué cambiar lo que está bien?", "ya estoy muy viejo para cambiar", "haga y no pregunte". Todas esas afirmaciones hacen que nazcan robots desde el hogar mismo, y se genere un sinnúmero de gente llena de miedo, de frustraciones, de creencias defectuosas, y así poco a poco nos vamos regulando, yendo por la vida, sintiendo que somos buenas personas porque obedecemos.

Obedecer se define como el acto de acatar órdenes o instrucciones de una persona con autoridad, generalmente sin objetarlas. De ahí que la obediencia ciega, se pueda convertir fácilmente en nuestra enemiga y llegar a ser peligrosa al conducir a un seguimiento de los pedidos, incluso si estos son moralmente cuestionables. Sin embargo, la obediencia también puede verse como un rasgo positivo, ya que permite el funcionamiento de la sociedad.

Aquí algunas ideas sobre el concepto de obediencia:

1. Puede verse influenciada por una variedad de factores, incluido el poder percibido de la figura de la autoridad, la naturaleza de la tarea u orden y el contexto social en el que se espera.
2. La obediencia ciega puede ser peligrosa, ya que puede llevar a las personas a seguir órdenes que están moral o éticamente incorrectas.
3. La dinámica del grupo puede contribuir a la obediencia, con las personas que sienten

presión para cumplir con las expectativas y normas del grupo.

4. La obediencia puede ser una espada de doble filo, con resultados positivos y negativos dependiendo de la situación y el contexto.

Aunque hay que aclarar que obedecer a las creencias del dinero escaso y carencia de recursos, generalmente trae consecuencias negativas.

La influencia de la dinámica del grupo en la obediencia también es significativa. Las personas tienden a ajustarse al comportamiento de quienes los rodean, especialmente cuando están en grupos grandes. Esto se conoce como el instinto de rebaño, y puede conducir a un pensamiento grupal, que es cuando los grupos toman decisiones irracionales debido a la presión para conformarse.

No ver la abundancia en la que vivimos y creer en que el dinero es un bien que se agota, es realmente un amoldamiento social que aprendemos de pequeños para pertenecer a un grupo, desligándonos como individuos de un pensamiento crítico y consciente.

Lo poderoso de las creencias, es que día tras día salimos a vivir una expresión de ellas, de ese modo lo que creemos (de creer), lo creamos (de crear), en psicología a eso se le llama la profecía autocumplida, o el sesgo de confirmación. Se han dado cuenta de que muchas veces queremos comprar un vehículo de una marca X, digamos que no es un carro muy popular, pero empezamos a verlo con más frecuencia en la calle. O muchas veces tenemos a una familiar en embarazo, y empezamos a ver una serie de mujeres embarazadas en la calle, a eso se le llama sesgo de confirmación, y está en nuestro cerebro mediante un sistema llamado: sistema de activación reticular (SAR), aquello en donde pongo mi atención, es lo que más veré.

Ahora vamos a ver cómo usar el SAR a nuestro favor, propiciando la consecución de nuestras metas simplemente por pensar en ellas activando nuestro SAR.

Si el cerebro filtra la información y solo somos conscientes de lo que nuestro SAR nos permite, podemos decidir enfocar nuestra atención cada día en algo que deseamos. Nuestro SAR comenzará a filtrar la información que recibe y comenzaremos a fijar nuestra atención en aquello que nos sirva para obtener el objeto de nuestro deseo. El filtro reticular nos mostrará automáticamente las oportunidades que llegan a nuestra vida para alcanzar nuestros sueños y conseguir las metas que nos fijamos.

Visualiza aquello que quieras en tu vida. Cuando se desea algo, el SAR está alerta y lo detecta pasando dicha información al tálamo y de allí al cerebro límbico y el neocórtex (más desarrollado) responsable de la acción racional.

Así, por ejemplo, podemos empaparnos de información leyendo libros de negocios, asistiendo a seminarios o iniciando un programa de entrenamiento. Todo esto ayudará a que nuestro SAR filtre aquella información relacionada con oportunidades de negocio y nos permita tomar las decisiones correctas.

Creencias tenemos en muchos ámbitos de nuestra vida, en la salud, por ejemplo cuando nos decían que mojarnos bajo la lluvia podría darnos un resfriado, o que la hora entre la tarde y la noche "el sereno" nos podía afectar los pulmones. O creencias sobre el matrimonio, que el matrimonio es muy duro, que todos los hombres son iguales, que es muy difícil vivir una relación. O creencias financieras, hay que guardar para las vacas flacas, nunca sabemos qué puede pasar, de eso tan bueno no dan tanto.

Como puedes ver, la mayoría de las creencias que trascienden de generación en generación, son limitantes. Les voy a contar algo que suena absolutamente raro, somos los descendientes de los más cobardes, con esto me refiero a que el miedo, como una emoción absolutamente sana, ya que sentirla hace que me proteja y me ponga en un lugar seguro, ha hecho que mis antecesores al sentir miedo de una u otra forma, lograran sobrevivir, y procrear, hasta llegar a la persona que está leyendo este libro. Una persona audaz, incapaz de sentir miedo, que no se haya protegido de un ataque de un tigre en África hace 20.000 años hubiera muerto, su descendencia sería nula, por lo tanto, no somos hijos de ese tipo de persona. Somos los descendientes de los que huían, de los que para sobrevivir tenían que seguir un clan, de tal forma que ser gregarios no era una opción, teníamos que vivir en grupos y teníamos que cuidarnos.

Hoy en día, es poco probable, salvo en algunas aldeas africanas, o quizás de la India, que alguien haya salido de su casa a trabajar con miedo a ser atacado por una estampida de elefantes, o por un tigre. Es decir, nuestros miedos cambiaron, generalmente no son para sobrevivir. Entonces al no tener peligros latentes, nuestro cerebro codifica amenazas absurdas, como si fueran de supervivencia, por ejemplo, la terminación de una relación de pareja, el despido de un empleo, la llegada de una multa de tránsito, las deudas y las llamadas del banco a cobrar, un jefe demandante, en fin... la lista es larga. Codificamos con miedo cualquier cosa que nos pasa, porque realmente ya no tenemos que sentir miedo, pero como está tan arraigado en nuestro inconsciente, no sabemos qué inventarnos para mantenerlo ahí.

Es vital empezar a ser conscientes del funcionamiento de nuestro cerebro. La parte del *hardware* mental. Realmente ¿qué son las neuronas? ¿cómo se conectan? ¿cómo aprendemos? Todas estas cosas son necesarias para lograr algo que es maravilloso, juntar la ciencia con la espiritualidad. Ese dulce encuentro que se da entre estas dos ramas, hace que sea posible la existencia humana. Tenemos 100.000 millones de neuronas, todas ellas con un potencial enorme de conectarse de unas 50.000 formas diferentes entre ellas, formando redes neuronales. El propósito de este libro no es un tratado de neurociencia. No faltaba más; pero es importante comenzar a entender esto para hacer conciencia desde la ciencia, que es una de las mejores formas de darnos cuenta de las cosas. Conciencia. Igual (póngale ciencia), vamos a ponerle ciencia entonces a esto.

Tenemos todas esas neuronas ahí, esperando a ser conectadas. Obviamente nacemos con muchas ya conectadas, las del *software* inicial con el que nacemos, es decir, las redes neuronales que fueron cableadas desde la genética y en el vientre materno, dichas redes funcionan como nuestro sistema operativo inicial. Con ellas comenzamos nuestras primeras formas de vivir y de comunicarnos con nuestro entorno. Pero desde ese momento del nacimiento, hasta unos 12 años aproximadamente, comienza el cerebro a trabajar como una esponja que absorbe todo. Y desde ahí viene la magia de la naturaleza en nosotros. Un universo de conexiones, bueno, muchas de ellas con todo el amor de nuestros padres hacia nosotros, pero profundamente equivocadas, porque son demasiado limitantes. Desde su inconsciencia, nuestro cerebro tiene una función única en nuestro sistema de vida: ayudarnos a ahorrar energía. Con esto quiero decir que nuestro cerebro siendo la máquina portentosa y hermosa que tenemos realmente, busca hacer las cosas con el menor consumo de energía posible y eso lo logra automatizando las cosas. Vamos a ver el funcionamiento de nuestro cerebro para entender cómo es la biología de nuestras creencias.

Recordemos cuando estábamos aprendiendo a conducir un vehículo, tomábamos una clase de una hora por las calles del lugar donde habitábamos, con el instructor al lado en una absoluta tensión, gastando enormes cantidades de energía para entender cada cosa que el maestro nos decía: tomar asiento, acomodar los retrovisores, ajustar el timón, ponernos nuestro cinturón de seguridad, las manos a las 10:10 y recibir una serie de instrucciones novedosas para nuestro sistema de creencias. Empezamos con mucho susto, con mucho miedo, sintiéndonos absolutamente incompetentes conscientes, quiero decir, *somos conscientes de que somos incompetentes*. Recibir esas clases equivaldría a un viaje de 12 horas cuando ya somos conductores duchos, ya que el nivel de tensión era impresionante, estar pendiente de los *stop*, de cada semáforo, de la velocidad, de las revoluciones del motor, en fin... un sinnúmero de órdenes que nos daba el profesor ante un evento nuevo. El cerebro se iba cada noche después de una de esas tensas jornadas y de manera inconsciente, pensando cómo hacerlo mejor y de forma automática, porque si íbamos a tener nuestro propio carro y conduciríamos diariamente no podríamos aguantar esa quema de energía calórica por mucho tiempo.

Entendemos que nuestro cerebro no pesa más de 2 kg, es decir pesa mucho menos que el 1 % del peso corporal total de una persona promedio, pero se puede llegar a consumir hasta el 25 % de la energía de nuestro cuerpo, por lo tanto, es allí donde está nuestra "CPU", nuestro servidor, de ahí la importancia para él de ahorrar energía, lo cual logra a través de caminos neuronales. Las neuronas comienzan a hacer sinapsis (conexiones) entre ellas formando redes, cuando una red se conecta con otra red se forman pensamientos, cuando un pensamiento se conecta con otro pensamiento se forman comportamientos y cuando un comportamiento se conecta con otro comportamiento se forman argumentos de vida o nudos biográficos, es decir en pocas palabras, somos nuestras redes neuronales.

Mientras dormimos organizamos todas esas ideas que tuvimos en el día, hablando específicamente de la actividad de conducir, después de un tiempo cuando terminamos el curso en la academia de conducción y usamos nuestro propio vehículo, empezamos a notar que ya no somos incompetentes conscientes, sino que poco a poco comenzamos a ser *competentes conscientes*, es decir ya sabemos y sabemos que sabemos, pero a medida que seguimos repitiendo la actividad de manejar diariamente, desde la casa hasta la oficina, hasta el trabajo, hasta la universidad, aprendemos inclusive las rutas y conducimos solos, empieza a nacer en nosotros la *com-*

petencia inconsciente, es decir *yo sé que sé,* pero no sé por qué.

Las redes neuronales son fantásticas para aprender las cosas y relacionarnos con nuestro entorno, son lo mejor que nos ha podido pasar para evolucionar como humanos. El problema es cuando automatizamos relaciones de pareja, elección de socios, manejo del dinero. Es decir, estas redes para actividades propias del ser humano son maravillosas porque nos ayudan a ahorrar energía, si lo pensamos bien, nos bañamos exactamente igual diariamente, tomamos el jabón, nos mojamos y nos secamos en el mismo orden, nos ponemos siempre el mismo zapato, la camisa siempre entra por el cuello y luego por las manos o primero por una mano y luego por otra y luego por el cuello, es decir, ya tenemos claros los procesos del día a día a través de rutinas. Eso es una manifestación, una expresión mágica de lo que llegan a ser las redes neuronales, el problema viene cuando automatizamos las cosas que no debían ser automáticas, porque cada vez que automatizo algo, pierdo la capacidad de disfrute y de atención. La capacidad de disfrute es lo que necesitamos para llevar una vida de trascendencia, así es que cuando dejamos de disfrutar porque caemos en automatismos, nos volvemos inconscientes, y cuando es el inconsciente quien comienza a tener el control de las labores del día a día, dejamos de reflexionar, de analizar, de tomar decisiones y comenzamos a volvernos y a sentirnos víctimas de las circunstancias, es como si la vida que nos pasa, no tuviera nada que ver con nosotros, es como si las circunstancias fueran nuestra vida y nosotros no tuviéramos injerencia en ellas, soltamos la responsabilidad y nos volvemos víctimas. Así que vivir con conciencia es escapar de la tiranía de las acciones y los pensamientos automáticos.

Por eso las trampas de las redes neuronales se vuelven tan perversas, caemos fácilmente en esta maraña de automatismos y vivimos una vida fuera de nosotros, sin darnos cuenta, absolutamente imperceptible, cuando caemos víctimas de nuestras creencias nos abstraemos de la realidad, solo nos enfocamos en los hechos y viene un camino de mucho sufrimiento. Es como si esta hermosa máquina que tenemos como cerebro se convirtiera en nuestro peor enemigo, con unos mecanismos que hacen que seamos unos desconectados mentales. Ya les voy a explicar de una forma simple.

Nuestro cerebro está dividido en grandes rasgos en tres partes, a lo que algunos autores llaman el "cerebro triuno", la parte más interna de él dónde está nuestra amígdala y nuestro hipotálamo, llamado el "cerebro reptil", este cerebro es el que maneja nuestros impulsos de vida, maneja alrededor de 40.000 funciones del cuerpo humano, desde la creación de nueva sangre, linfocitos, adrenalina, epinefrina, etc., hasta todo lo que tiene que ver con la supervivencia como la respiración, los latidos del corazón que inclusive en unas pocas semanas ya se sienten en el feto. Este cerebro reptil está conectado a la médula espinal y es básicamente el cerebro de la reacción, de la supervivencia a través de los mecanismos de reacción.

El cerebro siguiente es el cerebro límbico, envuelve al reptil y es el cerebro que se encarga de nuestra parte emotiva. Atención, nuestro gran reto como seres humanos es la buena gestión de las emociones, en ese cerebro yacen las diferentes emociones del ser humano, los celos, la envidia, la rabia, el ego, la euforia, etc. El cerebro límbico genera sustancias a través de las diferentes glándulas del sistema endocrino, haciéndonos sentir, tristes, alegres, efusivos, deprimidos, a través de un montón de sustancias llamadas hormonas que circulan por nuestro torrente sanguíneo.

Y la tercera parte la han podido ver ustedes en muchos libros, la capa última del cerebro que se ve grande con pliegues, el "neocórtex" o la corteza prefrontal, es lo que nos hace humanos. De hecho, no se ha comprobado que ninguna otra especie animal tenga cerebro prefrontal. En este cerebro está la estética, la ética, las artes, la reflexión profunda, la capacidad de análisis, la meditación, los caminos neuronales de la paz y la tranquilidad. Porque no responde a emociones, ni a reacciones, es realmente el cerebro que el humano genuino debe reconocer como propio. Las neuronas conviven en los tres cerebros, pero se ha comprobado por medio de diversos mecanismos de sensores que la actividad principal se mueve entre el límbico y el reptil. De hecho, cuando somos más emocionales o más reactivos, al parecer se apagan las áreas del cerebro del lóbulo prefrontal, o sea las áreas de la reflexión, las áreas de la estética, las áreas del análisis, por lo tanto, entre más seamos reactivos o emotivos tendemos a cometer más errores, puesto que no estamos pensando, solo estamos reaccionando. De tal forma que esos caminos neuronales aprendidos, automatizados y que activamos día a día más con lo que vamos viviendo, son un camino de sufrimiento, porque no tienen análisis ni reflexión profunda, sobrevivimos y el sentir de mucha gente que uno ve día a día es que, sienten que están sobreviviendo, atosigados por sus deudas, por un empleado que odian, por una familia que levantar, por un sinnúmero de deberes en los que se metieron y que ahora no saben cómo responder, por una vida sin propósito, inclusive muchas personas con mucho dinero y sin saber qué hacer con este, desprovistos de cualquier talento o por lo menos eso es lo que su mente les hace creer, sienten que no vinieron al mundo a nada más que esperar su muerte, cayendo en una profunda crisis de resignación y viviendo en el sufrimiento.

El lector se preguntará ¿entonces nuestro cerebro nos quiere infelices? Porque cuando uno analiza sus estructuras, las más poderosas son la reptiliana que es la que nos mantiene vivos (o sea que ha tenido absoluto éxito en nuestra vida, puesto que estamos vivos leyendo este libro) y la límbica que maneja nuestras emociones, es decir, el cerebro humano ha seguido un proceso de construcción donde conserva de manera férrea las herramientas neuronales que han permitido que nosotros sigamos vivos. Aunque sea en las condiciones más áridas, desafiantes o difíciles, incluso estando cerca a la extinción de la especie, se han mantenido los mecanismos universales absolutos que son el placer y el dolor. Por estos mecanismos, todos los seres humanos nos hemos acercado a las fuentes de vida como el agua, la comida, la sexualidad, protegernos del calor o abrigarnos por el frío, dormir, el refugio para las crías. En fin, es un diseño en el que estamos nosotros con instrumentos que han sido heredados, el placer como vía para aprender y tener habilidades de un modo eficiente para ser más aptos en el mundo.

La construcción del mundo es absolutamente individual y tiene que ver con toda la información sensorial que recibimos de él, ya que organizamos nuestras conductas de acuerdo con el placer o el dolor, es decir, la emoción es la que impregna de significado todo lo que existe en el mundo, y es en respuesta a esos significados que el cerebro reacciona con la conducta que para él es la adecuada.

Algunas creencias frente al dinero, que pasan por nuestra mente, en mayor o menor medida y que pueden estar haciendo sus daños, pueden ser:

"Que el dinero no crece en los árboles"

Esta era una forma bastante común de responder no solamente de nuestros padres hacia nosotros ante una petición de dinero, sino quizás de sus padres hacia ellos.

Recordemos que una creencia es una idea que se asume como verdadera, es una certeza, no es discutible, no admite debate. Como hemos dicho, una creencia instalada en tu mente es incuestionable, esencial y estructural.

Es como si el *Waze* de tu teléfono estuviera desconfigurado, pero tú insistes en seguir avanzando con él, ya que la creencia afecta tu capacidad de percepción de reflexión y por ende aumenta los errores que cometes.

El grado de afectación de una creencia puede ir desde algo muy leve hasta algo realmente autodestructivo. Tiene demasiados niveles de afectación.

Estoy seguro de que a muchos de nosotros nos dijeron que el dinero no crecía en los árboles, y evidentemente a muchos de nosotros no nos ha afectado para nada esa creencia, pero les voy a mostrar un ejemplo de cómo ese gradiente de afectación se incrementa en otras vidas de otros seres.

Carlos es un empresario exitoso, comerciante y reconocido en el medio, de familia humilde de extracción campesina, un día decide abrir una nueva fuente de ingresos y empieza a adquirir unos terrenos propicios para el cultivo de la guanábana.

Lleva ya unos cuatro años invirtiendo tiempo y recursos económicos en sus fincas, pero los árboles curiosamente no dan frutos, es como si la naturaleza se hubiera ensañado contra Carlos. Un día en medio de la angustia de llevar tanto tiempo sin cosechar frutos, cuando las fincas aledañas en la mitad del tiempo ya están en fase de producción, Carlos decide trabajar su sistema de creencias y en su proceso llegó a la hipnosis. Después de unas sesiones lo encuentro un poco más tranquilo, ya que descubrió que era esta una de sus creencias más dominantes. No lo había afectado hasta el momento en que decidió invertir en árboles. Debido a este descubrimiento decide vender la finca y no continuar con este emprendimiento.

Ustedes dirán, ¿cómo es posible que unos árboles no den frutos si esa es su naturaleza? Un árbol se siembra y simplemente da frutos, ¿qué tiene que ver la creencia de Carlos frente al resultado?

Tiene todo que ver, Carlos desde el inicio con su mente consciente puesta en su emprendimiento y con ganas de ganar dinero decide irse a comprar tierras, cerca de esas tierras se hace amigo del señor de la tienda agropecuaria a donde frecuentemente iba a comprar herramientas para sus trabajadores. De hecho, este señor le dio muy buenas referencias de un familiar recién graduado de agronomía para que le ayudara al montaje de su finca y miren lo que hace el sabotaje interno. Fue error tras error, este agrónomo no sabía nada de guanábana, su experiencia era en aguacates y lideró el cultivo como si fuera aguacate, compraron árboles sin certificación, sin guardar la distancia adecuada para ese cultivo. No prepararon el suelo cómo era adecuado y así paso a paso, Carlos estaba viviendo su calvario, validando su profecía que no estaba en su conciencia, ya que estaba en su inconsciente y eso es lo que hace de las creencias un tema serio.

Obvio que el dinero crece en los árboles, para todos es claro que inclusive puede ser muy rentable. De hecho el papel dinero, el papel moneda es papel y por lo tanto, el dinero tiene mucho de árbol. Esto debería ser suficiente para tumbar una creencia tan absurda, que se cae bajo su propio peso.

"Que el dinero es una ilusión"

Esta sí que es una creencia dañina en nuestro ecosistema habitual. Que el dinero se va entre las manos, lo difícil que es ganarlo y lo fácil que es gastarlo y muchas otras maneras de decir lo mismo. Con un agravante, con esa creencia realmente empezamos a sentir que el dinero es una ilusión, hasta el dinero de la mesada nos lo gastamos antes para validar esta creencia.

De hecho, una de las cosas que yo más veía en mi colegio era que para los últimos días de la semana la mayoría de mis compañeros, incluyéndome, no teníamos dinero. Desde esa corta edad ya estábamos validando esta creencia en nuestro nuevo sistema.

Esta creencia tiene un alto gradiente de afectación, ya que como toda creencia, impide una visión completa de la realidad. Así que le damos crédito a estas mentiras internas construyendo desde cimientos muy débiles.

Si crees que eres torpe acabarás siendo torpe, ya que estás tomando decisiones basadas en información errónea y vas a caer sistemáticamente en los mismos errores.

Recuerda que no vivimos a la altura de nuestras capacidades, vivimos a la altura de nuestras creencias, por lo tanto, no importa la formación académica ni las grandes realizaciones, el cómo una creencia limitante te condiciona y te sientes incapaz de lograr algo, no porque no puedas hacerlo, sino porque sientes que eres inútil.

Entonces al sentir que el dinero es una ilusión, salgo a darme gratificaciones con tarjetas de crédito, a gastarme lo que no me he ganado, a comprar emociones que sí tengo con dinero que no tengo. Me pongo inocente frente al dinero, no me interesa. Pero tengo que salir a validar esa ilusión.

"Que hay que trabajar muy duro para conseguir dinero"

Cuando tú conduces con tu *Waze* dañado, pese a la evidencia incuestionable de que vas por el camino equivocado, vas a producir vicios de interpretación, de percepción, vas a caer en errores, vas a contarte una historia diferente, vas a actuar distinto.

El error es muy fácil de ver, no estás llegando al sitio que quieres, *Waze* está llevando a lugares equivocados y lo más delicado de esto es que después del error viene la mentira. Al no aceptar tu creencia falsa y creer ciento por ciento en *la aplicación*, vas a estar modificando la realidad para que se ajuste al mapa. Como puedes ver, una falsa creencia nos hace vivir una mentira.

Pensándolo bien, el problema no es el error porque muchas veces de esto es que aprende, lo más delicado es la mentira. Cuando el ego no nos permite reconocer el error, es como si uno mismo se hiciera chantaje por vanidad, por orgullo o simplemente por miedo a ser señalado.

Cuando no se reconoce el error y se oculta en la mentira, apoyado por la falsa creencia, se está muy cerca de una crisis del ser.

Esta creencia fue cierta en un mundo que ya no existe, en la era agrícola, en el feudalismo e incluso en la era industrial había que trabajar duro en extensas jornadas, para ganar el dinero. Pero estas creencias son anacrónicas, creencias que simplemente sobrevivieron al paso de los años sin merecerlo, ya que la realidad cambió abruptamente.

Hoy en día los trabajos más duros donde el cuerpo más sufre son los peor pagados, el nacimiento de la inteligencia artificial, la automatización de la industria, la minería, la agricultura, han hecho que el trabajo duro sea paulatinamente reemplazado por máquinas. Cambiando el paradigma del trabajo duro, ahora se puede hacer dinero de formas antes inimaginables, operando en bolsa de valores desde un celular, vendiendo por redes sociales, haciendo redes, emprendiendo desde casa, mundo cripto, arbitraje, programación, generando contenido de valor, la lista es inmensa.

Esta es una de esas creencias que no sobreviven en el tiempo, como la que dice que lo mejor que se le puede dar a un hijo es la educación universitaria, pero ese es otro tema.

"Que el dinero es muy escaso"

Debemos trabajar en nuestros hijos y en nosotros la educación emocional, para empezar a soltar tanta falsa creencia, porque errores cometemos todos y bienvenido sea el error, ya que bien gestionado es una fuente inagotable de experiencia y aprendizaje. Lo delicado de este ejercicio es cuando mentimos, porque no resolvemos los errores que se acumulan y vamos negando la realidad.

Así es que cuando uno se libera de una falsa creencia se va recuperando poco a poco el sentido de la realidad, cambiar la relación integral contigo, con los demás y con la vida.

Cuando yo realmente creo que el dinero es escaso, mi mente se convierte en una jaula de limitaciones, baja inmediatamente la capacidad de merecer. No creo en la ley del sustento, y si gano dinero lo guardo, lo escondo, debido a ese miedo que se pierde con la ausencia de la confianza. Esta es otra de esas creencias atemporales que funcionaron en una época, quizás, pero no soportan el paso del tiempo. Hoy en día el dinero tiene matices absolutamente variados, estamos en un momento planetario donde nunca ha habido tanto dinero circulando. Ahora el dinero se emite en forma de deuda en una espiral que nunca para, haciendo que se produzca en cantidades industriales, no solamente el dinero físico, también el dinero encriptado. Transacciones bancarias de millones y millones de dólares que se hacen día a día, a través de la negociación de bonos, futuros, acciones, materias primas, contratos, mercados de divisas y de un tiempo para acá, criptomonedas.

Con esto quiero decir que el abanico de posibilidades para tener dinero cada vez se hace infinito, decir que es escaso realmente es sentir que no lo merezco.

En esta página: *www.usdebtclock.org* pueden ver la velocidad con la que se emite el dólar americano a través de la Reserva Federal, una velocidad que no ha cambiado en los últimos 15 años, alrededor de 85.000 millones de dólares por mes, como a unos 2.800 millones de dólares diarios que salen de manera acelerada al mercado.

Tener esta creencia no es un problema menor, su gradiente de afectación es muy alto porque lacera duramente la capacidad de merecer, así que va siendo hora de darnos cuenta de que el dinero fluye y lo único que se necesita es absoluta fe para que lo haga en el menor tiempo posible.

"Que el rico es cada vez más rico y el pobre es cada vez más pobre"

Como el juego del dinero debe estar basado en la capacidad del sustento, teniendo la plena seguridad de que nunca faltará, esta creencia lo que muestra es como esa fuente universal tiene para todos, el límite es tu mente.

Piensa en la vida como un banco gigante. Les ha pasado que cuando mejor están económicamente los bancos llaman a ofrecer dinero con tasa de interés preferencial, tarjetas de crédito con decenas de beneficios y da la sensación de que el dinero te persigue.

En cambio unos años antes, en una crisis financiera, te habías acercado a ese banco a solicitar un crédito, mismo que fue negado según el banco porque no tenías capacidad.

Es como si el dinero persiguiera a quien demuestre que no lo necesita, a quien demuestre que tiene talento para manejarlo. Y a nivel cerebral tenemos unos mecanismos comprobados por la ciencia llamados neuronas espejo. Somos el promedio de las cinco personas con las que más tiempo pasamos, y generalmente pasamos el tiempo con personas muy parecidas a nuestro nivel de vibración, o sea con personas muy parecidas a nosotros mismos, con un nivel de ingresos similar tratando inconscientemente de estar cómodos y muchas veces quedándonos atrapados en la mediocridad (medio cree), creer a medias.

Sabrás que estás haciendo cambios importantes en tu ser, cuando se te vuelve incómodo estar con algunas personas o en algunas situaciones, ya no te sientes bien quejándote o estando en ambientes densos y es altamente probable que cambie tu nivel de relaciones, no porque te sientas más que nadie ni nada parecido, sino porque realmente ya no eres el mismo.

"Es que en esta casa somos pobres pero honrados"

Sin lugar a dudas, es una frase lapidaria donde mediante atribuciones se crea un acto de terrorismo, obviamente, en profundo amor cargado de buenas intenciones. Es como cuando le ponen a un bebé el nombre de un familiar fallecido, inconscientemente ese bebé podrá tener una vida condicionada, como si fuera una réplica, como si estuviera llamado a hacer lo que el difunto no hizo.

Por eso definirme requiere cuestionar si tengo atribuciones ajenas, validar si son ciertas, soltarlas e imaginar mi vida sin esa atribución.

Cuando entendemos el funcionamiento de nuestro cerebro inconsciente, nos damos cuenta de su implacable perfección. No tiene sentido del humor, es literal, no analiza.

De tal suerte que decir que ser pobre es ser honrado, por ley de asociación ser rico es ser ladrón, y como nadie quiere ser ladrón, entonces se pone pobre o se sabotea con tal de mantener su atribución.

También el niño podría interpretar que solo se puede llegar a ser adinerado siendo ladrón y en este punto a manera de ejemplo voy a citar a Los Simpson.

Quienes hayan visto esta serie se habrán podido dar cuenta de que todos salvo uno, son de clase media baja; el rico de Springfield (lugar donde sucede la serie), el señor Burns, es un sujeto con unas atribuciones bien especiales: extremadamente tacaño, que corrompe el sistema, pésimo jefe, solitario, temeroso de perder el dinero, enfermo, en fin... características que una persona normal no quisiera tener, a excepción de su dinero.

Un niño sin los filtros adecuados viendo esa serie puede interpretar, de manera guionista, que así es la vida, y que para amasar una fortuna hay que pasar por encima de los demás o decidir por lealtad al clan, quedarse pobre, mantenerse en el promedio, no destacar. Como pueden ver es quedarse atrapado en una atribución limitante.

"El dinero es la raíz de todos los males"

Otra famosa frase dañina de nuestro archivo de creencias, es increíble todas las atribuciones negativas con las que carga el dinero: dinero sucio, lavado de dinero.

Al dinero a lo largo la historia se le ha relacionado incluso con asuntos escatológicos, haga el ejercicio de contarle a una persona mayor un sueño así sea ficticio. Dígale que usted soñó que caía a una alcantarilla y sentía que cada vez más se impregnaba de desechos humanos, lo más probable es que esa persona le diga que es un buen sueño, que le viene dinero.

Por eso el dinero no tiene la propiedad de hacer el bien o el mal. Aquí lo que buscamos es trabajar desde el propósito del alma, sin orgullos, siendo emprendedores iluminados, con un fuerte instinto social para poner de nuevo el dinero de vuelta a la sociedad. No por sentirse obligado, sino por sentirse en amor, pensando realmente a cuántas personas podremos servir.

"Hay que guardar para las vacas flacas"

Tengamos siempre muy presente el propósito, la razón, y por qué hacemos lo que hacemos, ya que esta creencia es absolutamente nefasta. Me ha tocado ver personas que sin importar lo que ahorren una emergencia siempre se les presenta, se les daña el carro, pierden el trabajo, o sufren alguna calamidad propia de las vacas flacas.

Nunca nos conectemos con el dinero desde la escasez, no hay nada peor que tratar con una persona tacaña, miserable, cuyo diálogo es desde la carencia. Este ejemplo parece fuera de contexto, pero ahora veremos cómo se asocia con esta creencia. Quizás has notado cuando vamos por carretera que hay un conductor que realiza maniobras audaces, muchas veces poniendo en peligro su vida y la de otros con tal de lograr un simple adelanto a un vehículo, y unos cuantos minutos más adelante después de haber tomado los riesgos más impresionantes, lo tenemos justo ahí a 5 metros de nuestro auto. Muchas veces con el dinero pasa algo igual, hay personas que padecen en el supermercado con cada producto que ponen en su carrito, miran el precio se quejan, igual lo monta en el carro, avanzan tres pasos más, ven otra marca unos centavos más barata, cambian el producto y así se la pasan con cada cosa que llevan, luego llegan a la casa a decir que todo está muy caro, que a este paso no va a aguantar y su diálogo es como un sarampión mental para quienes lo escuchan.

Cuando use el dinero, úselo con amor, disfrute cada producto que lleve a casa, contemple su nevera llena y agradézcale a quien usted le quiera agradecer por el alimento que tiene en su casa por lo sagrado de cada uno de sus nutrientes, porque tuvo para hoy y tendrá para el próximo mes. Use el dinero con alegría, y más cuando lo está haciendo para alimentar a la gente que ama, realmente ahí es donde el dinero cobra su verdadero significado.

Los obstáculos para cambiar una creencia

Ahora que estamos empezando a entender cómo se implantan las creencias en nuestra mente es bueno comenzar a determinar y comprender por qué es tan difícil cambiar una creencia inferior a una superior, hay que empezar a mirar las historias de vida de las personas que han sido excepcionales y cómo han logrado trascender ese dilema. Es importante entonces contemplar y entender unas verdades que son sorprendentes, sorprendentes porque pocas personas se dan cuenta de ellas. Aquí soy un poco ambicioso en cuanto a este estudio, puesto que representa un análisis profundo a lo largo de mi vida, buscando las conclusiones de grandes filósofos como: Sócrates, Aristóteles, Lao-Tzu y Patanjali. Científicos sociales modernos como: David Hawkins, Abraham Maslow, Carl Gustav Jung, Sigmund Freud, y hasta grandes maestros como el mismo Jesucristo, Buda y Krishna.

Me he dado cuenta de que muchas personas se niegan a cambiar sus creencias a pesar de que gracias a ellas sufren miserablemente, la humanidad ha luchado por eternidades para aprender cómo ser feliz constantemente, estar en paz, ser exitoso, pero tenemos unos obstáculos ¿cuáles son esos obstáculos?:

1. Ignoramos que nuestro computador, o sea nuestra mente está defectuoso

Imaginemos un gran barco zarpando hacia el océano, con el computador defectuoso, sin darnos cuenta de que tiene un virus y este empieza a navegar en círculos. Poco a poco comenzamos a perder la esperanza de llegar a nuestro destino. Hasta que no corramos un antivirus para limpiar la computadora del *software* defectuoso e instalemos un programa correcto, esto seguirá ocurriendo una y otra vez. Es exactamente igual como le pasa a la especie humana, tenemos unas metas y claro que son posibles, pero por alguna razón "desconocida", nada nos sale.

2. De un computador defectuoso sale *software* defectuoso

Ahí tu cerebro no tiene la culpa, él solo va a correr el programa que tengas instalado, por ejemplo, si alguien te cambia el fondo de pantalla de tu computador por una imagen grotesca, al momento en el que enciendes el equipo, él no tiene opción, va a mostrar esa imagen, porque hace las cosas sin tener elección; porque es por naturaleza inocente, no sabe qué está haciendo o ni siquiera sabe si está haciendo algo malo. Tu cerebro entonces no tiene la manera de verificar si el *software* es falso o verdadero, tu cerebro simplemente es *hardware*, la programación cultural o social es *software*.

3. *Software* defectuoso distorsiona el ego

Cuando se cae en estos círculos viciosos, el ser humano continuamente toma las cosas fuera de contexto, acepta la mediocridad, y se genera el hábito al fracaso, es decir, se toma el fracaso como algo normal y de esa forma empezamos a ver que el éxito es algo muy lejano o un golpe de suerte.

4. El ego nos confunde sobre nuestra identidad

Y aquí viene la pregunta eterna que nos atormenta ¿quién soy?, no somos nuestro nombre, tampoco somos nuestra profesión, muchas personas se presentan como "soy abogado", "soy médico", pero no por cambiar de trabajo dejan de existir, por lo tanto, eso solamente es una etiqueta igual que el nombre. De hecho, el nombre es algo que no escogimos nosotros mismos, una mujer se casa y cambia sus apellidos, pero eso no cambia su esencia, este obstáculo solamente puede ser salvado cuando encontramos el propósito del alma a través de un trabajo espiritual. No saber quién soy es un sentimiento desesperado del humano, que sabe que vino acá para algo significativo, pero a veces no tiene ni idea de que sea.

5. Sin identidad deambulamos alrededor de algo perdido

Como infelizmente descubrimos que no sabemos por qué existimos eso refuerza el sentimiento de que la vida no tiene sentido y nace una nostalgia interior donde estamos inconformes sobre nuestro propósito, y ahí viene la necesidad social de buscar dinero, ya que es lo que mueve a la mayoría de la gente, y terminan conformándose con trabajos que les dan ingresos, pero no propósito, y en la mayoría de los casos el ingreso también es extremadamente limitado, porque se está operando desde un sentimiento de escasez.

6. Así que como no sabemos dónde estamos, entonces tampoco sabemos para dónde vamos

Uno comienza a ser consciente de esto cuando tiene preguntas como ¿dónde estoy? y ¿qué hay después de la muerte?, contestar que estoy en la Tierra es relativo, porque un astronauta no está en la Tierra, entonces también sería una respuesta limitada, para saber realmente dónde uno está, requiere tener absoluta conciencia de su presente y qué tan consciente está, de la confianza y el poder interior que expandiera tremendamente toda la fuerza. Y la pregunta de la vida después de la muerte tiene mucho que ver con la evolución de nuestra alma, ya que lo que pasa después de la muerte es irrelevante, la pregunta valiosa es ¿qué pasa antes de la muerte?, porque ahí es donde estamos ahora mismo, cuando enfocamos la energía en esta pregunta, es donde nuestra evolución se vuelve cierta y segura.

7. Como no sabemos a dónde vamos empezamos a proyectar en los otros

Empezamos a juzgar a los demás, a sentir que deberían o podrían estar haciendo algo mejor, siempre en "el afuera". Debemos tratar con amor a todo el mundo, todas las personas están haciendo lo mejor que pueden, si pudieran dar algo mejor ya lo estarían haciendo. No desperdiciemos nuestro tiempo y nuestra energía condenando a otros. No gastes tu energía en proyecciones erróneas, si ves a alguien pidiendo limosna, no lo juzgues creyendo que puede estar haciendo algo mejor, créeme no puede estar haciendo nada mejor, ese es un nivel de conciencia, quizás tú en su lugar, podrías hacer algo mejor, pero él no, no desgastes tu energía pensando en eso.

Este último punto merece una consideración especial, ya que abre una caja de Pandora.

8. Entendiendo todo esto ignoramos las leyes universales

Así como un país no puede vivir sin leyes, porque caería rápidamente en anarquía, el universo tiene unas leyes universales naturales, y debemos estar en armonía completa con ellos. A continuación, veremos cuáles son esas leyes:

Primero: ley de atracción

La ley de atracción o de vibración muestra cómo los humanos emanamos una energía por medio de los pensamientos, las emociones, las palabras y las acciones y con esa energía que yo vibre, atraeré instantáneamente gente y eventos con la vibración dominante; en la Biblia se habla de esta ley como "la ley de la siembra y la cosecha", Buda lo decía como la "ley de condición casual", Krishna lo decía como "la ley del karma" e inclusive la misma ciencia lo llama la "ley de la resonancia empática". Es de notar entonces que estos principios universales no pelean en absoluto con ningún maestro espiritual ni siquiera con la ciencia misma, su nombre lo dice, son leyes universales. Para tener una mejor comprensión de esto debemos ser conscientes de que los seres humanos somos máquinas de manifestación continua. Manifestamos a la realidad lo que pensamos, hablamos y sentimos. Es importante entender que el universo es como un imán gigante y nuestros estados de energía crean una vibración constante, todo es energía, una silla, cualquier objeto, una lámpara, un carro, a nivel subatómico, tienen partículas y vibran en un estado de energía constante. Todo es un tema de vibraciones y frecuencias. En el agua, por ejemplo, cuando las moléculas H_2O vibran lentamente se manifiestan como hielo, cuando se aceleran un poco se ve el agua, y cuando la aceleración es mayor se vuelven vapor.

Por eso cuando yo pienso negativamente, empiezo a sentir negativamente y atraigo gente que vibra en esa misma frecuencia y es cuando siento que me levanté con el pie izquierdo, atraigo eventos negativos a mi vida, e incluso gente violenta. "Dime con quién andas y te diré quién eres" es una forma muy vieja de expresar esta ley, ya que somos grupos juntando nuestras almas.

Los jugadores de fútbol se juntan con jugadores de fútbol, los tomadores de licor con tomadores de licor, los adictos a los juegos con adictos a los juegos, atraemos lo que somos.

Si queremos hacer un experimento científico es muy simple, en un salón (no importa el tamaño), ponemos dos guitarras afinadas en la misma tonalidad en dos esquinas diferentes, al sonar cualquier cuerda, digamos la primera cuerda al aire MI, nos daremos cuenta de que la otra guitarra, sin ser tocada, vibrará exactamente igual que la que fue tocada. Este fenómeno se llama resonancia acústica, y nos está mostrando cómo somos unas cajitas que resonamos y emanamos una vibración, conectándonos con las personas, que están sintonizadas en la misma tonalidad que nosotros, por eso es muy importante entender que, si yo no estoy contento con lo que estoy recibiendo de mi entorno, debo revisar muy bien qué es lo que estoy entregando.

Lastimosamente como hemos hablado en las páginas anteriores, nuestro cerebro se conecta muy fácil desde el miedo, porque está preparado para cualquier amenaza y eso hace que nuestros pensamientos que son miles por día, en su mayoría sean negativos, atrayendo una enorme cantidad de energía negativa, como una atmósfera que circunda, de la cual a veces es muy complicado salir.

Hay que tener claro que no es Dios que esté castigando a nadie, ni es que el universo "me la tenga montada" como decimos nosotros, estos son simplemente leyes universales y son automáticamente determinadas por lo que nosotros entregamos.

Segundo: ley de la creación

Hay un experimento psicológico, donde a muchos pacientes se les pone unas manchas de tinta que aparentemente no significan nada y se les pregunta qué opinan, qué vieron en esas manchas. Las respuestas son muy variadas, hay personas que ven un demonio mirándolo con intensa maldad, hay otras que ven un acto sexual, otros ven una mujer desnuda en actitud seductora, otros viendo la misma mancha, ven a dos personas haciendo yoga y hay otros que ven a un maestro meditando. ¿Cómo es posible que cinco personas se conecten de cinco formas diferentes con la misma mancha? Es interesante aclarar, que hay unos niveles de consciencia, unos niveles con los que la gente se conecta de acuerdo con la emoción dominante, desde la más baja hasta la más alta serían: miedo, deseo, orgullo, misión y amor. Por eso un ser manejado por el miedo quizás vio el demonio, mientras que un ser dominado por el deseo vio una relación sexual, en tanto que un ser dominado por el orgullo vio una mujer desnuda, en cambio, un ser que está en misión ve una pareja haciendo yoga y un ser que está en amor ve a un maestro espiritual meditando.

El universo es neutro, las interpretaciones de la mente son las que codifican todo a través de los sesgos de confirmación "lo que tengo adentro, lo veo afuera". Por lo tanto, esta ley de la creación es una ley muy poderosa del ***pensamiento*** y nuestro poder está en elegir nuestros pensamientos. No se trata de no pensar, eso es imposible, los pensamientos surgen por sí solos, tú no los pides, suceden de manera progresiva por sí mismos, la invitación, es dejar de poner la energía divina, nuestra energía preciosa, en los pensamientos negativos, esa es la lección que debemos hacer.

Luego del pensamiento viene ***la palabra,*** esta es la segunda cualidad de la ley de la creación, ten mucho cuidado cómo manifiestas las cosas, porque la palabra tiene mucho poder.

Conocí al doctor Masaru Emoto en el año 2008, por esa magia que tiene la vida, estaba leyendo su libro *Los mensajes ocultos del agua* y una vez caminando me lo encontré tomando un café, en Medellín, cerca de mi oficina. Me acerqué a preguntarle si era más Masaru y evidentemente estaba frente a él. Tuvimos la fortuna de llevarlo a nuestra oficina a que nos diera una conferencia privada, mandó traer dos vasos con agua del grifo y puso uno de los vasos en el centro de la sala de reuniones; éramos unas 25 personas escuchando todas sus enseñanzas sobre el agua y nos pidió para nuestra sorpresa que insultáramos ese vaso de agua que él había puesto sobre la mesa, todos nos quedamos mirándonos con cierta malicia, pero ante su sugerencia empezamos todos a decir palabras grotescas hacia ese vaso de agua. Posteriormente, puso el otro vaso en la mesa y nos pidió que le dijéramos cosas bonitas, que le agradeciéramos, que le mandáramos amor a ese otro vaso de agua. Luego los pusimos en el congelador mientras que el doctor Masaru nos siguió contando todas sus experiencias con el agua, la historia de su vida, cómo su abuela se ganaba el premio a los mejores jardines de Kioto y que él notaba desde muy niño que ella le hablaba a las plantas mientras les quitaba las hojitas muertas, las trataba lindo mientras las mojaba y siempre ganaba el primer puesto.

Masaru Emoto se graduó de médico en la Universidad y por un tiempo se dedicó a la medicina, pero dos años después pidió una beca para irse a estudiar el agua, ya que deseaba averiguar el secreto de su abuela. Estuvo estudiando aguas dulces, aguas saladas, agua de glaciar, etc. Pasadas unas dos horas fuimos por los dos vasos de agua y los pusimos ante un microscopio electrónico, en apariencia estaban muy parecidos, pero al ponerlos en el microscopio, pudimos notar como los cristales que se forman son demasiado diferentes, el agua insultada se veía rota, más oscura, deforme, mientras que el agua bendecida se veía que formaba unos cristales hexagonales muy simétricos, parecían algo como geometría sagrada, estas imágenes las pueden encontrar en internet, se van a dar cuenta de la enorme diferencia. Incluso Masaru hacía este experimento con plantas bajo ambientes controlados, pone las plantas a la misma humedad, en el mismo sustrato, exactamente a las mismas condiciones, pero a una le hacen *bullying* todo el tiempo, mientras que a la otra le dicen cosas bonitas todo el tiempo. La diferencia de crecimiento de ambas plantas es abismal, la primera planta se seca, es más pequeña, triste. Mientras que la otra es más grande, alegre, florecida.

Este efecto es llamado el efecto Pigmalión, que textualmente se refiere a la potencial influencia que ejerce la creencia de una persona en el rendimiento de otra. No trates a los demás como lo que son, trátalos como lo que pueden llegar a ser. Somos más del 70 % agua en nuestro cuerpo, o sea que somos esas moléculas de agua de las que les estoy hablando, ¿tenemos claridad en las palabras que usamos para hablarnos a nosotros mismos? Porque estamos afectando nuestra estructura molecular con la palabra, con el pensamiento, ya es hora de ser conscientes y responsables de lo que está ocurriendo en nuestra vida, no es el afuera, nuestro enemigo vive adentro, como un *software* defectuoso, que todo el tiempo nos está criticando, ya es hora de parar esto, es nuestra responsabilidad absoluta.

Y el tercer punto después de la palabra es ***la acción.*** Es decir, la aplicación de mis elecciones, mis pensamientos y mis palabras en el mundo material, viendo cuáles funcionan y cuáles no, con fuerza, sin miedo, empezando con templanza y con carácter. Tarde o temprano la disciplina vence al talento, es hacer, experimentar, fracasar muchas veces, pero cuando le ponemos acción a nuestras palabras el mundo sonríe. Obviamente, van a llegar saboteos, pensamientos que nos van a decir que algo está pasando que nosotros no podemos ser capaces y empezamos a perder nuestra preciosa energía de vida, creyendo que somos muy desafortunados y que es cuestión de suerte, ¡hey! Eres un creador, te guste o no y todo lo que estamos viendo es tu absoluta responsabilidad, aumenta tus niveles de energía, aumenta tu conciencia, porque ya es hora de reconocer que siempre estamos creando, siempre, si uno cree que es un débil, un fracasado, o un pobre... terminarás creándolo.

El universo siempre hará lo que tú pides, lo que tu inteligencia infinita crea, si dices "nunca tendré éxito", el universo te dará eso que repites y por eso, nunca tendrás éxito. Es decir, afuera siempre veremos confirmado lo que somos adentro.

Tercero: ley de la responsabilidad

La responsabilidad es administrar conscientemente mi poder personal, entender como en las demás leyes que soy 100 % responsable de cada aspecto de mi vida. Esto aparentemente puede hacernos creer que no es tan bueno, que no estamos poniendo más carga, pero realmente nos estamos liberando porque de este modo yo siento que no dependo de nadie, mientras que, con la forma de pensar antigua, la responsabilidad siempre estaba en el afuera y yo no tenía nada que ver, era una simple víctima. Ahora estamos diciendo "NO", todo depende de mí, lo que veo afuera responde a un campo de energía que yo emane.

Cuando yo le echo la culpa a algo externo: a mis empleados, al gobierno, al clima, etc., estoy destruyendo mi propia habilidad para cambiar la situación positivamente, ya que si el problema está allá afuera, entonces la solución está allá afuera, lo que significa, fuera de mí. Como si fuéramos un objeto dependiendo de una fuerza exterior. Pierdo de ese modo el poder de crear mis circunstancias y me vuelvo esclavo de ellas. Y resulta que todo está adentro, por lo tanto, no puedo dejar que mi vida se vuelva subjetiva.Y debemos entender un secreto oculto, tener dinero implica una tremenda responsabilidad, por lo tanto, tengo que aprender a estar en armonía con esta ley, ya que es preciso convertirme en una persona diferente para poder manejar grandes cantidades de dinero.

Cuarto: ley de la repetición

Para subir nuestra energía y ser triunfadores, debemos crear hábitos, cualquier acción repetida y declarada firmemente se convierte en un hábito y tu inconsciente lo va a integrar siempre. Somos criaturas de hábitos, nos alimentamos por medio de hábitos, nos bañamos habitualmente de la misma forma, inclusive manejamos el vehículo de la misma manera, por la misma ruta, hacemos nuestro trabajo de forma habitual, inclusive consumimos los mismos programas de televisión casi siempre a lo largo de nuestra vida, somos seres de hábitos. A nuestro cerebro le encanta volver todo rutina, para ahorrar energía y no nos damos cuenta de que muchos de esos hábitos son vicios, es decir, hábitos perturbadores que activan mecanismos dañinos en mi cuerpo y que no nos hacen bien porque no suben la energía. Para ello vamos a explicar matemáticamente cómo funciona la creación de hábitos en nuestro cerebro.

Tenemos 100.000 millones de neuronas y a través de un proceso biológico, estas neuronas mueren dejando una neurona nueva, con información vieja.

Es decir, se copia la información de su núcleo, este proceso es llamado neurogénesis, para que la neurona que queda replique lo que la neurona que muere le deja. Según los últimos estudios de neurociencia y epigenética, se requiere de entre 20 y 25 días para que las neuronas mueran o sea que los

100.000 millones de neuronas son reemplazadas en menos de un mes, matemáticamente esto indicaría que son alrededor de 5000 millones de neuronas que estamos estrenando cada día, esas neuronas vienen a formar el nuevo ejército de la persona que yo soy.

Imaginemos cada neurona como un soldadito. Y un día decidiste que querías comenzar a correr todas las mañanas, pones la noche anterior la alarma a las 5:00 a.m., dejas tu ropa deportiva al lado de la cama, tus tenis, duermes plácidamente y a las 5:00 de la mañana te levantas a correr. Llegas a la oficina con más energía, tus niveles de endorfinas aumentan, te sientes mucho mejor. Ese día, quizás incluso hasta te sentiste más delgado, le contaste a dos o tres compañeros de la oficina que saliste a trotar, mostrando que este será el inicio de un nuevo hábito. Pero todo ocurre en la segunda noche, si entendemos esto vamos a comprender cómo comenzar a trabajar la templanza y la disciplina desde la inercia de nuestro cerebro.

Todo esto que les voy a contar sucede mientras duermes y no eres consciente, funciona en los niveles más profundos de tu mente, te vas a encontrar con 5000 millones de neuronas totalmente nuevas que están ayudándote a preparar todo para levantarte a las 5:00 de la mañana como tú lo hiciste, porque es la única información que han recibido en su corta vida que es de un día, están alistando también la alarma y preparando la ropa deportiva, pero se encuentran con la resistencia de 95.000 millones de neuronas que llevan muchos días contigo y que no quieren –bajo ninguna circunstancia– que esa nueva actividad que consume energía se implemente en tu vida, por lo tanto, nace un diálogo interno, repito mientras duermes, los 5000 millones de neuronas posiblemente van a salir apabulladas ante el poder de las neuronas viejas, ¿cuál es el resultado del otro día?

Quizás a las 5:00 de la mañana te vas a levantar, pero está lloviendo, es fácil decir que mejor no lo vas a hacer, defraudando a 5.000 millones de neuronas que te querían ayudar. Posiblemente, te vas a levantar, pero estás adolorido, producto de haber trotado el día anterior y contaminado del ácido láctico que se acumuló en tus músculos. Sea cual sea tu situación, sal a trotar, ¡por lo menos sal a caminar! ¿Cuál es la razón? Que este nuevo día vas a fortalecer la información de los 5.000 millones de neuronas y aparte de eso vas a tener 5.000 millones de neuronas nuevas que te reconocerán como a una persona deportista. Obviamente, cada noche será una batalla, pero serán 90000 millones de neuronas peleando contra 10000 millones, hasta que llegará un momento, un punto clave en el que el paradigma cambiará, cuando lleves más de 20 días haciendo la actividad, casi todo tu cerebro reconocerá que tú eres un atleta. Como ahora la mayoría de tus neuronas tienen la información de que sales a trotar, va a ser mucho más fácil romper el viejo vicio y comenzar a generar un hábito.

Ya no eres un dormilón, ya eres un deportista y así poco a poco es que vamos venciendo las resistencias que tenemos a la lectura, al deporte, al ahorro, a estudiar algo, porque de lo contrario seguiremos enfrascados en vicios o en hábitos al fracaso, cursos que pagamos y nunca haremos, máquinas de hacer ejercicio que compramos por emoción en esas promociones de televisión y que ahora solo usamos para extender la ropa, o están debajo de nuestra cama. El cerebro es tu peor enemigo, pero si eres consciente de cómo funciona, es tu mejor aliado. Recuerda que el miedo es de lejos la emoción que más vamos a sentir siempre, pero cuando nosotros comprendemos ese miedo y repetimos los hábitos, el miedo algún día terminará por ceder.

Imagina la vida que puedes llegar a tener cuando el miedo ya no te paralice, el miedo se verá como un chiste, a ese nivel tenemos que llegar y eso se logra utilizando estas leyes.

Quinto: ley de la atención

Donde pongas tu atención fluye la energía. Nuestra vida, nuestra energía es tan preciosa que es increíble que la tiremos en creencias y situaciones basura. Donde ponemos la atención: en nuestra palabra, en nuestro pensamiento o en nuestra acción, se va nuestra energía. Es posible que te haya pasado que tu pareja o una pariente esté en embarazo y empiezas a ver muchas mujeres embarazadas, siempre habían estado ahí solo que ahora te interesa porque pones tu atención en ello, o cuando querías comprar un auto, no el más popular y empiezas a verlo por todas partes como si todo el mundo hubiera querido lo mismo que tú, esto hace parte del sistema reticular de tu cerebro y tiene como función principal el mantenimiento del estado de alerta, es una forma de recibir del entorno lo que tanto crea dentro.

El ser humano tiene un poder creador impresionante, pensemos por un minuto que aquí siempre había habido con qué hacer computadoras, ya que todos los componentes para la inteligencia artificial como los plásticos del petróleo la silicona, los metales, los cables, todo ya estaba en la Tierra, solo que faltaba el poder del enfoque y la creación del ser humano para extraerlos y ponerlos en funcionamiento hacia lo que hoy estamos viviendo.

Recuerda que la energía sigue a la atención, la clave es crear hábitos que atraigan esas ideas, esa gente, esas actividades de gran energía y no le pongas nada de interés a las cosas negativas, esto empieza a tener una armonía en tu interior y generar condiciones óptimas para que saques todo tu potencial.

Sexto: ley de la sincronía

Esta ley nos permite entender que no hay accidentes en el universo, todo lo que ocurre es una lección relevante y se convierte en algo significativo, es decir, todo lo que nos pasa es por un bien superior, y esta es la parte más importante de la vida en el espíritu, de vivir espiritualmente. Porque cuando nos ponemos en juzgamientos a no querer vivir la experiencia, lo que hacemos es generar resistencias y la lección, simplemente se aplaza y llega un maestro diferente a seguirnos enseñando, por lo tanto, no existen accidentes en la vida, todo tiene un significado y toda persona tiene una lección valiosa para enseñarnos. Muchas veces desde cómo no hacer las cosas, pero finalmente lecciones valiosas donde tenemos que sacar la humildad para entender qué podemos aprender de todo el mundo.

Conociendo ya estas leyes universales, deberíamos empezar paulatinamente a identificar las creencias en los ámbitos de nuestra vida en los que queremos mejorar, creencias sobre la pareja, creencias sobre la salud, creencias sobre el dinero.

Es importante que te preguntes ¿qué es lo que tanto me digo, sobre esta situación, qué me hace ver tan insignificante?, ¿por qué me siento tan pequeño ante X o Y problema?

Y nos daremos cuenta con el paso de este ejercicio, de que el origen de toda creencia solo está en dos palabras: amor o miedo. El origen de toda creencia frente al dinero solo está también en dos palabras: abundancia o carencia.

Es como si para mayor facilidad nuestra mente viniese diseñada para trabajar desde la dualidad, como si fuera una programación de *software* 1 o 0, cuando la vida realmente está llena de matices, y cuando esto lo comprendemos y lo interiorizamos, nos conectamos con la fuente divina. Es como si nuestra programación mental se alineara poco a poco con las frecuencias del universo, como si descubriéramos que sintonizamos una emisora que siempre había estado ahí, pero teníamos nuestro radio apagado, o en otra estación, o simplemente en medio del ruido de muchas emisoras.

En los siguientes capítulos vamos a ver de qué manera este concepto de abundancia o carencia, se conecta con nosotros y como de una manera natural podemos poco a poco ir cambiando nuestra postura existencial frente a la vida.

***

En conclusión, las creencias son instrumentos poderosos que moldean nuestra percepción de la realidad, influyen en nuestras decisiones y determinan el rumbo de nuestras vidas. Desde que somos pequeños, estas ideas se instalan en nuestro inconsciente, actuando como un *software* que dirige nuestras acciones, muchas veces de manera automática y limitada. La comparación de nuestras creencias con un virus que se propaga sin control revela la necesidad urgente de una revisión crítica de lo que aceptamos como verdadero. Debemos cuestionar esas narrativas antiguas que perpetúan la escasez, la obediencia ciega y el miedo, para liberar nuestro potencial y abrirnos a la abundancia que nos rodea.

Al familiarizarnos con conceptos como el *sistema de activación reticular*, nos damos cuenta del poder que tenemos para dirigir nuestra atención y elegir nuestras creencias de forma consciente. Cada elección que hacemos, cada pensamiento que alimentamos, puede ser una oportunidad para reprogramar nuestra mente hacia un futuro más próspero y satisfactorio. A medida que identificamos y desafiamos nuestras creencias limitantes, fortalecemos nuestras conexiones neuronales hacia pensamientos y acciones más empoderadoras.

Así, el camino hacia el bienestar y el éxito financiero, emocional y personal comienza con un acto de valentía: cuestionar lo que siempre hemos creído y abrirnos a nuevas posibilidades. Este es un llamado a la acción: el momento de transformar nuestras creencias y, con ello, nuestra vida, es ahora. Al final, somos los arquitectos de nuestro destino, y cada creencia renovada nos acerca un paso más a la vida que deseamos vivir.

La Abundancia

En este capítulo vamos a conectarnos con esta poderosa palabra, a ser conscientes de su magia y a tener la claridad de que gracias a ella el mundo se sostiene.

La abundancia es un concepto espiritual, vivimos en medio de ella, y es gracias a ella que se hace posible la vida no solo en nuestro planeta, también hace válidas las leyes del universo.

Todo el tiempo la vida nos da muestras de abundancia, nada en este planeta es escaso y aquí es donde vamos a entender por qué la confianza nace de la integración en nuestra vida de ese sustento, nuestra vida hace que nos relacionemos de una forma diferente con el mundo, Y para eso nos vamos a enfocar en un concepto que, al entenderlo, quizás cambie de manera abrupta no solo nuestra forma de ver la vida, sino también nuestra forma de relacionarnos con el mundo, y nuestra forma de pedir.

Aquí vamos a recordar un poco a nuestro famoso cerebro reptil, aquel que nos mantiene vivos por medio de mecanismos de supervivencia, su misión ha sido un éxito, puesto que si estamos acá leyendo este libro es porque estamos vivos, sin importar la historia de cada lector, sus deudas, su salud, sus relaciones, sus preocupaciones, su diálogo mental, sus conflictos, sus frustraciones. Todo eso queda aparte, ya que finalmente lo más importante es que estamos vivos y en eso el reptil tiene todo el crédito, debemos tener claro que, para sobrevivir necesitamos muy poco.

Para sobrevivir como especie solo necesitamos cuatro cosas: agua, sol, aire y alimento. Todo lo demás no se necesita, lo demás es simple cosmética en nuestra vida.

No existen niveles de abundancia, simplemente es y esto es lo que la hace poderosa, con esto quiero decir que no hay un sol para las personas adineradas y un sol para los pobres, o que el aire fluye diferente en un sitio o en otro, de este modo la abundancia es totalmente justa y por ello lo que realmente nos hace turbar nuestra energía, es esa sensación de carencia, de escasez que nos hace un juego en nuestra vida, cambiando nuestros filtros, como si tuviéramos unos lentes grises que no nos permiten ver los verdaderos colores.

Así que, para ponernos muy precisos, debemos empezar a sacar de nuestro vocabulario la palabra necesidad, porque solo nombrarla nos lleva a estados de baja vibración.

Lo simple de la lista de las cosas que necesitamos es que realmente, lo que necesitamos es necesitarlas. Es decir, para el cerebro reptil, cuando tú necesitas algo, él se pone en estado de latencia para que la constante sea necesitar, por ejemplo:

Necesitamos aire, eso no está en discusión para nadie, pero la verdadera clave es que cuando lo tomamos, debemos sacarlo para poder seguir necesitándolo, ya que recuerden, cuando yo necesito algo, lo que realmente necesito es estarlo necesitando. Y este juego de palabras está muy alojado en nuestro mecanismo de supervivencia. El día en que tú dejes de necesitar aire, quiere decir claramente que estás muerto, o sea que la función del sistema reptil ha terminado.

Si hacemos el ejercicio a los demás componentes de supervivencia de nuestra vida, la conclusión es la misma, tomamos, usamos, desechamos y de nuevo generamos el vacío para poder volver a tomar, bien sea aire, sol, alimento o agua.

O sea que cuando decimos que necesitamos algo que no está en este listado, los mecanismos inconscientes de nuestro cerebro reptil se pondrán en estado de necesidad, entrando en la espiral de los "necesito necesitar".

"Necesito dinero", tu cerebro toma ese pedido y lo pone en su lista de necesidades de supervivencia, atención, lo que vas a empezar a vivir es que vas a necesitar-necesitar dinero, y no es un error de escritura, de manera inconsciente cuando lo tengas, tu mente te va a hacer un juego sucio, para que te liberes de él como si fuera una exhalación, para que lo deseches y por ende para que lo vuelvas a necesitar, no sé si te estás dando cuenta de lo simple de la fórmula, pero también de lo poderosa.

No crean que es un simple juego de palabras, de hecho, en el capítulo anterior estuvimos hablando del enorme poder que tienen las palabras y la palabra "necesitar", se vuelve parte del paisaje en el vocabulario de los humanos, necesitamos dinero, necesitamos salud, necesitamos un automóvil, necesitamos una casa más grande, necesitamos casarnos, y la lista nunca termina. Y resulta que nada de eso que decimos que necesitamos, realmente es para sobrevivir, son solo deseos, elecciones, anhelos, pero nunca necesidades.

Si te quieres conectar con la abundancia destierra de tu vocabulario la palabra necesito, aprende a ver las cosas en su verdadera dimensión, quitémosle poder a los objetos o situaciones de deseo, no invoquemos más la necesidad, ya que estamos cayendo en una fase de "necesitis", en una inflamación profunda de la necesidad.

Como la abundancia es espiritual, entonces para poderla abordar, abrigar y sentir que estamos inmersos en ella, debemos fortalecer y trabajar nuestro espíritu, solo de esa forma nos podemos conectar con la biblioteca sagrada, con la despensa infinita que nos brinda la vida.

Teniendo claro que somos seres espirituales energía pura encarnada en un cuerpo físico, trabajar la espiritualidad debería ser algo inherente al ser humano, no tendría por qué ser difícil si somos tanto energía como materia. Debemos tener claro que a este plano vinimos fue a recordar. Y para recordar debemos reconectarnos con nuestra fuente sagrada. En el espíritu no hay ego, en el espíritu no hay lucha, en el espíritu no hay escasez, tu alma sabe que merece, porque, así como la abundancia simplemente ES, no hay posibilidades de negarla. Cuando yo vivo desde el espíritu vibro siempre en amor, me visualizo desde arriba como si fuera el director de una película. En tanto que cuando se vive desde la mente, uno se siente el protagonista que sufre, por eso desde el espíritu tú solo te dejas contemplar, e incluso te ríes de tus actos sin juzgarte, no te das duro, eres compasivo. Y si eres compasivo contigo, eres compasivo con los demás, tienes claro que uno no puede dar lo que no se da a sí mismo.

La vida en el espíritu tiene una connotación especial, al vivirse desde el amor, al no juzgarse, sentimos realmente que todo lo que nos pasa, pasa por un bien superior. Tenemos la firme convicción de que todo es perfecto, no catalogamos las cosas como buenas o malas, salimos de la mente dual que tiende a encasillar todo y a ponerle categoría de bueno-malo, blanco-negro, Dios-demonio, sabroso-maluco, rico-pobre, feo-bonito. En este caso nos damos cuenta de que todo es perfecto, por lo tanto, el sufrimiento no tiene cabida en el plano espiritual. La vida en el espíritu es contemplativa, es presente, es mantenernos la mayor cantidad de tiempo posible en el aquí y en el ahora y es comprender que vivimos en el mundo de las consecuencias y que el resultado de todo lo que nos pasa, realmente viene por una causa específica, en el mundo espiritual, entendemos perfectamente las leyes del universo y no peleamos con ellas, simplemente las adoptamos con amor y comprensión. Cuando yo alineo mi espíritu con las leyes universales, el camino ya está marcado, nos damos cuenta de que no existe el error ni las casualidades y es como si de nosotros brotara una persona que desconocemos, un ser humano genuino que se conecta con la grandeza del universo. La espiritualidad destierra al miedo, porque vivir el presente destierra totalmente el sufrimiento.

En la espiritualidad no hay ego, constantemente me estoy preguntando: ¿quién soy?, ¿en dónde estoy?, ¿cuál es mi propósito del alma?, ¿a qué vine a este plano?, ¿de qué forma lo puedo recordar?, ¿cómo me conecto con esta fuente?, estas deberían ser las verdaderas preguntas que nos tendríamos que estar haciendo, porque estoy seguro de que tu nivel de felicidad tendrá que ver con la respuesta que tú les das.

Desde la espiritualidad yo puedo saber si mi vida se mueve por el miedo, por el deseo, por el orgullo, por un propósito de vida o por el amor como la gran manifestación de nuestra vida. Y una vez identifique desde dónde me muevo, puedo comenzar a hacer los cambios, los ajustes para regresar al verdadero camino, la reconexión con la abundancia.

¿Desde dónde te mueves?

Miedo

Si tu nivel vibracional se conecta desde el MIEDO, entonces estás atrapado en los mecanismos de supervivencia, es un estado que drena la energía, ya que se vive desde la preocupación y la duda. La negatividad es el alimento de este estado y una persona conectada desde ahí siempre está buscando la ventaja, el ganar, tiende a estar buscando las oportunidades y debilidades para explotar al otro.

Desde el miedo se tiene muy claro ganar a toda costa, es el mundo de la competencia donde en la mente se vive la fantasía de que solo sobrevive el más apto. Y al estar enfocado en la supervivencia escasamente generamos más dinero que el justo para pagar la hipoteca, la alimentación, los colegios, los servicios públicos y las obligaciones bancarias, destinar dinero para ayudar a alguien cuando escasamente se conecta desde el miedo es visto como una amenaza, es sentir que estás perdiendo dinero al dar, por lo tanto, la abundancia a pesar de estar ahí, será invisible, porque el miedo como emoción dominante cierra las posibilidades en el mundo que nos rodea y construimos una jaula para protegernos de este. De hecho, desde el miedo cultivamos resentimiento, vemos un mundo caótico, vemos un mundo tal cual somos por dentro.

Cuando te mueves desde el miedo te mueves desde el drama, desde las conspiraciones, desde el pensamiento constante que algo malo va a pasar. Consume noticieros, inmediatez, filtrando cuidadosamente solo aquella información que corrobore tu miedo. Llegando incluso a pensar que cuando ves noticias positivas, por ejemplo, una persona altruista que hizo una gran donación, tu mente lo hace ver como una debilidad, no entiende por qué esa persona regala todo ese dinero, cuando es tan difícil de conseguir.

No importan las herramientas que recibas o los apoyos que lleguen, la mente está atrapada en un mundo hostil, por lo tanto, es incapaz de ver otra cosa. De hecho, a nivel cerebral, se puede comprobar mediante resonancias y electroencefalogramas, que mientras está activo el mecanismo del miedo, la actividad cerebral se va para la amígdala, el hipotálamo y todas las partes que se encargan de los mecanismos de alerta.

Vivir en estos estados es demasiado desgastante, los niveles de alerta son mecanismos del cuerpo que demandan una gran cantidad de energía, y una cosa es sentir miedo cuando realmente tengo una amenaza, ya que en el momento en que la amenaza desaparezca el miedo también lo hará. En tanto que sentir miedo como postura existencial, hace que estos niveles de alerta pasen de ser simples mecanismos de respuesta y se conviertan en estados de ánimo que, con el tiempo, se convierten en estados del ser. Y en ese nivel se ve la vida tan distorsionada, que es como si nuestro ego creara un mundo alterno. La vida se vive como si fuéramos un carro al máximo de revoluciones, acelerado, pero con el freno de emergencia puesto y mirando por el retrovisor todo el tiempo.

Deseo

Cuando tu vibración se basa en el DESEO, si bien no se vibra tan bajo como con el miedo, la energía se mueve en la búsqueda constante de objetos que se desean, es como si nunca fuera suficiente. No es que desear sea algo negativo, lo realmente dañino es la frustración que se siente cuando no se tiene lo que se quiere, y aquí la mente deseosa, nos saca del momento presente y nos promete un mejor futuro, al sacarnos del presente automáticamente nos desconectamos de la parte espiritual e inmediatamente nos conectamos con lo que diga la mente deseante, esta anomalía de la mente insiste en que las cosas tienen que cambiar para ser feliz y por supuesto es el dinero donde más se enfoca, es como si una fuerza externa quisiera gastar el capital, y nos vende la premisa de insuficiencia ante lo que estemos viviendo en el aquí y en el ahora.

La conexión basada en el deseo más temprano que tarde dejará deuda, la nueva esclavitud, seres humanos insatisfechos, preocupados y pendientes de todo lo que les falta. Lo complejo de la deuda es que no solamente tiene un componente financiero, su verdadera huella es emocional. No hay nada más efímero que la felicidad basada en objetos, realmente no deseamos ese objeto, lo que deseamos es liberarnos del hecho de desear. Para más tarde, en unas horas, en unos días, a lo sumo, en una semana, estar deseando otras cosas, en un juego mental donde la mente nunca se calla.

Al poseer cosas, el estilo de vida se incrementa, y lo que en un momento simplemente era anhelado, ahora es necesitado.

Por ello, cuando te sientas atrapado en el deseo, toma distancia del objeto de deseo y pregúntate si esa compra realmente te hará falta.

Ese falso mantra que dice "yo me lo merezco" o "uno se muere y nada se lleva", son frases de cajón para consolidar el deseo, pero que no son más que una trampa mental, ya que realmente lo que nos hace sentir satisfechos es la capacidad de disfrute de lo que soy y lo que tengo, lo demás solo es un mostrador de vacíos emocionales del niño tratando de ser llenados en la vida adulta. Aquí sería como si el carro no tuviera el freno de emergencia puesto.
Sé acelerar y mi visión está puesta a los lados, yendo de un lado al otro, sin avanzar.

Orgullo

Si, en cambio, te mueves desde el ORGULLO, es de mucho cuidado porque el ego vive dentro un castillo de naipes demasiado vulnerable de colapsar en cualquier momento y regresar de dónde vienes del miedo o del deseo. El orgullo se hincha cuando se cree que se alcanzó la cumbre, ver determinado éxito financiero y con ello elevar la autoimagen es algo que incluso nuestro entorno fomenta, se siente cierto tufillo de pretensión de éxito, y de verdad se cree que el dinero y la fama llevan a la felicidad.

Si uno en estos momentos se desconecta de su espíritu para moderar esta vertiginosa subida, es posible que el ego se hinche y se pierda fácilmente el control. Porque desde el orgullo la persona cree que es especial, que merece más que los otros, que tiene más privilegios, es como si el orgullo creara una distorsión al buen juicio.

El orgulloso aparentemente se ve tranquilo desde afuera, pero para él la felicidad es muy frágil, por ser solo externa. El ser humano atrapado en el orgullo siempre busca tener el control porque internamente no lo tiene, al estar bloqueado por el ego se requiere de un tremendo golpe para que alcance la humildad. Desde el orgullo, las emociones y los sentimientos de los demás poco importan, solo son relevantes el intelecto y el talento. Para estos seres fríos la gente es vista como fichas de ajedrez y el mundo es su tablero.

Al movernos desde el orgullo, la abundancia también se escabulle, ya que este nivel de pensamiento es egoísta, en tanto que la energía de la abundancia es para todos. Por lo tanto, la persona orgullosa no es que vea el mundo como algo hostil, sino que ella misma se encarga de crear hostilidad, la abundancia la puede apabullar y aun así no le importa, porque es más importante tener la razón.

Es como si el carro fuera sin control alguno, y chocando contra todo lo que se atraviese, sin medir consecuencias.

Propósito

Cuando ya me muevo con la energía de un PROPÓSITO, es porque ya he partido de una reflexión muy profunda, aquí hay un trabajo de autoevaluación con el que es muy seguro que sea sanado el dolor. Y por ende nace en esa persona la necesidad de ayudar a otros, esta persona busca la realización y realmente quiere servir más que solo ganar, ya no le interesa tener dinero o reconocimiento y fama, ahora lo que quiere es hacer una diferencia.

Aquí ya se está evolucionando en el camino espiritual, ya que, desde el miedo, el deseo y el orgullo, la base fundamental es la fuerza, porque se busca manipular, codiciar y tener fines egoístas. En tanto que trabajar con el propósito se basa fundamentalmente en el poder, y esto abre la puerta al mundo infinito de posibilidades.

Cuando se es impulsado por un propósito, el mundo se ve como una escuela, se reconoce que toda persona y toda situación que llega a la vida no es a causa del azar, sino que viene con una lección importante para aprender. La conexión que se logra con las personas es genuina, no es desde la cabeza, es una conexión del corazón y es sentida por otros como confianza.

La confianza se siente cuando se está ante la verdad, la vibración del propósito es muy alta, la gente se une fácilmente a él. Si es un negocio, el cliente al ver una experiencia tan única no ve la hora de salir a dar referencias. Y es en ese modo que soy íntegro: coherente, congruente y consistente.

Obviamente, cuando me muevo desde el propósito, aún me sigue importando el afuera: medir el progreso de las metas, mantener la buena calificación y aún debe superarse el miedo al rechazo y muchas veces a no ser comprendido.

Al estar en reflexión profunda, al tener claridad de la escuela de la vida y de la conexión que se tiene con todas las personas, aquí hay un alto componente espiritual, por ende, la alineación con la abundancia es muy poderosa. Aquí no solo conduzco mi carro de la mejor forma, sino que también estoy pendiente de los demás carros, soy precavido y compasivo mientras avanzo hacia mis metas.

Amor

Cuando mi vida es impulsada por el AMOR, sucede una gran transformación, porque se descubre que la felicidad depende de mí, yo elijo cómo y en qué momento sentirla.

Es tanta la paz que ya no se requiere de validadores externos, en este punto se tiene un pensamiento de largo plazo, no nos quedamos atrapados en instantes, es como si se viera la película completa.

Aquí la fe es absoluta, se tienen preferencias, pero no metas, aquí se permite dar continuamente y nunca se agota, de hecho, regresa diez veces más. El amor es un poder que nos guía a entender que todos en este mundo estamos dando el mejor esfuerzo, basado en su historia, en su inteligencia e incluso en su deseo de evolucionar.

Comprender esto sana la impaciencia y la intolerancia, y nos conecta con la compasión. Aprendemos a dar regalos silenciosos, ¿cómo dar regalos silenciosos?

La siguiente práctica sube los niveles de energía, nos llena de sentimientos de compasión y amor:

Busca un lugar público, como una plaza, un parque, una estación y ubícate en un sitio que te permita observar a los caminantes discretamente. Déjate llevar por tu corazón, que él elija las personas a las que harás tu regalo anónimo y silencioso.

- Cuando veas pasar a alguien afectado por una dolencia, regálale buena salud en tu pensamiento.
- Si ves pasar a una persona abatida y triste, regálale paz y alegría.
- Si ves a un niño que llora, regálale un futuro hermoso.
- Si ves a alguien de gesto hosco y enojado, regálale amor y perdón.

Y así, con todas las personas que se vayan cruzando en tu camino.

Acoge a cada una de ellas en tu corazón por unos instantes y deséales lo mejor.

Puede que jamás vuelvas a ver a ninguna de estas personas.

Está bien que así sea; no necesitas ninguna confirmación, el amor nunca se impone, sencillamente se ofrece a quien tenga a bien recibirlo.

Al bendecir a las demás personas, se conecta con la energía suprema del universo, se es un instrumento para que la abundancia circule sin cesar por nuestro sistema, en este estado al igual que en la abundancia simplemente se ES.

Aquí ya no voy dentro del carro, ya puedo verlo a través de una pantalla y desde ahí tomo mis decisiones, es como si disfrutara del tráfico.

La naturaleza misma nos da lecciones de abundancia todo el día. Si tomas un recipiente con granos de maíz y en una era de tierra vas poniendo dos granos cada 40 cm, en tres meses tendrás unas plantas de casi 1 metro y en 8 meses tendrás un cultivo de maíz, en el que de cada planta se puede cosechar entre una y hasta 3 mazorcas, cada una de ellas con cientos de granos de maíz.

Y esto ocurre sin ningún esfuerzo, en prácticamente cualquier tierra cultivable del planeta, variando por el clima del cultivo, pero básicamente la idea de abundancia es la misma. Tenemos abundancia de agua, abundancia de aire, abundancia de nutrientes y una estrella perfecta que nos guía y nos cuida, que hace perfecta la existencia en este planeta: el sol, nada está al azar, cada evento parece meticulosamente planeado en una danza mágica para que nosotros podamos estar en esta existencia. Por lo tanto, si queremos empezar a conectarnos realmente, genuinamente a la abundancia, ya es hora de pedir menos y agradecer más, ya es hora de contemplar nuestra maravillosa existencia y dejar de quejarnos, ya es hora de disfrutar lo que somos y lo que tenemos y frenar ese sarampión mental que nos aqueja, que nos invalida, que nos hace sentir imperfectos en un universo donde la imperfección no existe.

Uno de los principales responsables de la abundancia, o por lo menos, de tener una relación defectuosa con ella, es la no aceptación, cuando no aceptamos, no dejamos fluir la vida, nos desgastamos innecesariamente por la vida, sin entender por qué todo se vuelve denso.

La maestría de relacionarnos adecuadamente con la abundancia viene de esta aceptación, de comprender que estamos conectados y que sufrimos por el ego.

Debemos recordar que nuestro mundo exterior, viene totalmente marcado por nuestro mundo interior, funcionamos como un espejo, pero no importa que vivamos en un mundo de abundancia infinita, tampoco importa que nos lo repitan cada segundo, de todos modos, esta abundancia vendrá limitada por el nivel de conciencia de cada persona, es decir, por los pensamientos y por las ideas que se tienen de la realidad y ante eso no hay mucho que se pueda hacer, hasta que la persona tome la decisión de cambiar sus pensamientos.

Pienso que cada ser humano atrae a su vida lo necesario para desplegar su plan del alma en su máximo esplendor, con esto quiero decir que atraemos las situaciones y las cantidades de dinero, que nuestra alma siente que merecemos, para poder hacer lo que vinimos a hacer, con nuestro nivel de conciencia. Si queremos aumentar las cantidades o mejorar nuestras experiencias, entonces también debemos mejorar nuestro interior y eso solo se logra cambiando nuestra forma de relacionarnos con el mundo, de lo contrario, cada lección no aprendida, vendrá con profesores más duros y de formas más crueles.

Digamos que estamos en la misma universidad, pero cada persona está en diferente nivel, dependiendo lo que el plan de su alma tenga destinado para su trascendencia —no quiero decir con esto que no se puede cambiar, solo que hay que vivir unos procesos de aprendizaje en escalas diferentes–, por ejemplo, hay personas que tienen una vida muy alegre y bastante frugal sin necesitar tanto dinero, en tanto que hay otros con enormes cargas y obligaciones y muy poco dinero, pero también conocemos personas que están destinadas a ganar grandes sumas de dinero. Así que la experiencia de cada ser humano es diferente, dependiendo del nivel de trascendencia que quiere lograr en su vida.

De hecho, pienso que personas que provienen de familias inusualmente ricas, donde sus padres, abuelos y bisabuelos lograron acumular grandes fortunas, llegan con la "pista" despejada, sin sufrimiento alguno nacen en "cuna de oro", son altruistas, crean fundaciones y ayudan al mundo desde ellas. Pienso que esas personas tenían ese pacto de almas con sus parientes, para que ellos se adelantaran a crear las fortunas, con las que la nueva generación va a desplegar su potencial de dar al mundo esas fortunas. Es como si fuese necesario esa primera fase de acumulación, solo que el ser humano no tiene la capacidad de ver mucho más allá en el tiempo, y se queda con la parte de la historia de esos personajes con enorme riqueza y no ve cómo ese dinero ayuda a miles y a veces millones de personas, gracias a descendientes que tienen contratos de almas diferentes a la acumulación. ¡Total, dinero de este planeta no ha salido aún!, aquí sigue todo en nuestra esfera hermosa llamada Tierra.

Cuando sintonizamos con la abundancia, tenemos la capacidad de crear y conectar con las cosas que deseamos, casi que, en el momento preciso, sintonizar en abundancia es soltar el control, es elegir un comportamiento desinteresado y sin egoísmos, es buscar el bien común, es trabajar desde la luz, al tener claro esto, empezamos a transformar nuestro mundo interior y la respuesta obvia siempre será un exterior acorde a lo que somos.

La abundancia actúa como el agua, actúa como la electricidad, actúa como el aire. Con esto quiero decir que cada ser vivo toma un poco y deja que los demás la usen, de ese modo regresa a la fuente y sigue su paso sin dejar nunca de fluir, los problemas nacen cuando se mete el pensamiento egoísta, de miedo y empezamos a acaparar más de lo necesario, por el temor a que se agote, ese temor hace que desconfiemos de la fuente y esa desconfianza hace que activemos los circuitos de supervivencia y agresividad.

Si tenemos claro que el dinero funciona de una forma muy similar al agua, vamos a entender este concepto de una forma más clara:

Vamos a imaginar que de la parte alta de una montaña nace un pequeño arroyo que baja hasta el valle, y que, a lo largo de su recorrido por la montaña, se ubican pequeñas parcelas con casas a lado y lado; todas se surten de sus aguas, cada casa toma lo necesario y en algunas tienen un pequeño tanque de reserva, pero un día, uno de los vecinos, decide hacer una presa para guardar un volumen de agua considerable, esta persona teme que algún día el agua se acabe y movido por el miedo, decide represarla para sí mismo.

Quiero que notemos varias conclusiones que podrían salir de esta historia:

Cuando ese vecino decide represar el agua, comienza una cadena de escasez para las demás personas, algo muy parecido a lo que ocurre con el tacaño, que deja de usar el dinero y esa falta de flujo se siente en la economía de las demás personas.

Una vez el agua es represada, siempre buscará salida, la más evidente es la evaporación, que, trasladado al dinero, no es otra cosa que la inflación, (pérdida de valor del dinero en el tiempo), con lo cual va perdiendo su poder adquisitivo.

Otra salida natural del agua es filtrarse por debajo, buscando una falla en la presa para salir; con el dinero serían los famosos gastos imprevistos, enfermedad, accidente, daños costosos, en fin, cualquier salida fuera de lo común.

El agua detenida genera bacterias, larvas, se pudre; con el dinero detenido, se frena el ciclo de la economía, se vuelve susceptible a ladrones, oportunistas (yernos con ideas); en fin, múltiples salidas, ya que su fluir no se debe detener.

Ahora pensemos en el circuito del agua nuevamente: ella se evapora y de las nubes cae en forma de lluvia, su naturaleza es fluir, su misión es circular, cortar ese flujo es un atentado contra su propósito; algo muy parecido al dinero, solo que a veces no entendemos sus leyes y nos perdemos en el miedo, evitando usarlo, guardando para las vacas flacas, esperando por si algo ocurre y una serie de dudas y temores que lo único que demuestran es la enorme falta de conexión que tenemos con nuestra esencia de sustento divina.

Al ser la abundancia un concepto espiritual, esta debe ser vivida desde el espíritu, por lo tanto, debemos tener una relación sana con Dios, sin importar nuestro credo, entender que hay una energía suprema que nos convoca, que nos agrupa, que nos une como energía divina, que hace que nos sintamos en plena tranquilidad y gracia, donde no cabe lugar para las dudas, por lo que tenemos plena conexión con la energía creadora, nos sentimos parte de esta y vivimos en un eterno presente, bajo los preceptos del amor verdadero.

Hay un cálculo que se puede encontrar en diversos estudios de macroeconomía, donde toman todo el dinero físico que hay en el mundo y lo reparten entre cada habitante del planeta, que en este momento ronda los 8 mil millones de personas, pues bien, a cada uno nos tocarían alrededor de 56 mil dólares, los diversos algoritmos y la IA, calculan que en menos de 2 años, los emprendedores y las personas que saben del movimiento financiero, se quedarían con el dinero de la inmensa mayoría, haciendo que este regrese a las mismas manos de antes, es decir, las leyes de la abundancia, del servicio al otro, la inteligencia financiera y la falta de manejo emocional, harían que el agua regrese a la fuente invariablemente.

Así que, viendo este ejercicio y sus incuestionables resultados, quizás es hora de preguntarnos ¿qué es lo que hace que las personas se relacionen de maneras tan diferentes con el dinero?, ¿dónde está la diferencia para que haya personas que se conectan de una manera mágica con la abundancia y otras que realmente viven en mecanismos de supervivencia?, ¿cómo es posible que ante un mundo lleno de posibilidades, haya personas que vibren con ellas y otras que día tras día vivan en tragedia?

Por eso, así como plantamos semillas de maíz y salen mazorcas, para sintonizarnos con la creencia y el mundo de las consecuencias, debo empezar a plantar en mi mente semillas de abundancia, una vez sembradas, estas actuaran como las creencias, pero en este caso serán semillas de poder, cuando mi mente se conecta con la escasez, debemos entender que nada en la vida es escaso, solo se trata de una insuficiente presencia de la abundancia; es algo parecido a la oscuridad, realmente existe ausencia de luz, ya que la oscuridad no existe.

Recordemos que la vida te da mucho más de aquello en lo que te enfoques, de este modo, si piensas en términos de abundancia, tu vida se regirá bajo sus beneficios, en tanto que, si te enfocas en la vida escasa, esto hará que se te manifieste de forma más fácil la escasez. La vida funciona como un gran espejo y esta no juzga, la misión de tu experiencia de vida no es revisar que tan idóneos son tus pensamientos, realmente tu espejo solo estará a tu servicio para facilitar que obtengas aquello que tanto piensas. Recuerda, obtendrás aquello en lo que mucho piensas, tanto si es deseado, como si es algo que no deseas.

Por lo tanto, la abundancia o la escasez son una decisión, si el planeta nos muestra la increíble abundancia de todo: colores, sabores, texturas, elementos químicos, naturaleza, agua... la escasez es una especia de anomalía que nuestra mente trata de vendernos, pero como lo dije en páginas anteriores, si tomamos el dinero como una necesidad, entonces debemos comprender que la abundancia exige de nosotros la comprensión absoluta que solo puedo tener, aquello que estoy dispuesto a perder.

Solo cuando seas feliz porque sí, el universo te va a dar todo. Me he dado cuenta de que la gente más feliz y a la que mejor le va en todos los sentidos, son personas que entregan su vida a servir y a ayudar a los demás a sacar su potencial, es en esos momentos que la abundancia se manifiesta sin miramientos y pasa la magia.

Al ser la abundancia espiritual, entonces se debe vivir desde el desapego, ya que nunca generamos expectativas, lo que hace que no nos importe el resultado que obtenemos, nada que sea nuestro podrá ser arrebatado por nadie; en cambio, en el plano físico creo que no hay nada que no pueda ser arrebatado. De ese modo nos adaptamos a las personas y a las situaciones de la vida, tenemos claro que una persona que pensábamos que se iba a quedar en nuestra vida para siempre, podría no estarlo, de ese modo, entendiendo el desapego, voy a estar más intensamente conectado con ella, no tanto como si fuera el último día, más bien como si fuera el primero, es elegir la paz y la libertad por encima de todo.

Quiero que entiendas que vivir en abundancia más que una frase de cajón es una decisión inmediata, implica hacer los arreglos necesarios en tu vida para comprender mejor ese fluir por la vida. Por ejemplo, si en este momento tienes un trabajo que solo haces por dinero, pero que te hace absolutamente infeliz, no estás viviendo una vida en abundancia, es hora de que despiertes, si no te hace feliz hoy, no te hará feliz en 10 años, el futuro visto desde la abundancia no existe, porque la abundancia está sucediendo en el tiempo presente, de ese modo el tiempo solo es la perpetuación del presente.

Según Bronnie Ware, enfermera experta en cuidados paliativos y quien hace unos años escribió un libro con la lista de las cosas de las que los enfermos terminales se arrepienten, esta lista está encabezada con "me arrepiento de no haber hecho lo que quería hacer y hacer lo que la gente esperaba que hiciera".

Realmente al final de tus días, te vas a dar cuenta de que te vas a arrepentir más de lo que no hiciste, que de lo que hiciste, que cargamos con muchas creencias y emociones ajenas y si no somos felices en el presente, con absoluta seguridad, de seguir así, no lo vas a hacer nunca.

Otra cosa sería que tienes un trabajo que te permite alimentarte y suplir necesidades básicas, no te gusta, pero es necesario en tu vida, porque gracias a él puedes pensar en emprender, en movilizar tu creatividad, sin pensar en qué comer, algo así como un trabajo por comida.

Si es tu caso y evidentemente tienes un plan B para salir pronto de esa situación, entonces debes comenzar a ver este trabajo como una bendición y agradecerle a la vida el tenerlo, además debes hacerlo con infinito amor y pasión, tómale como una prueba que debes superar para saltar a otro nivel más elevado, como si la vida se tratara de un juego de video, pero si tienes un trabajo por comida, que no solamente no disfrutas, sino que estás resignado a quedarte ahí sin tener tiempo de pensar en alternativas... entonces realmente le estás dando la espalda a la abundancia y así vivas sumergido en ella, tu mente no está preparada no solamente para recibirla, sino también para percibirla.

Con esto quiero decir que no se trata de ir a renunciar a sus empleos, se trata de reencauzar nuestra vida y darle un componente de sinceridad, estar bien es una decisión y a veces debemos tomar decisiones de poder, que obviamente nos van a dar mucho susto tomarlas, pero que al final del día, vamos a comprobar que, de ser tomadas desde el amor, no hay posibilidades de fallar.

Tengamos la sana costumbre de preguntarnos desde dónde tomamos nuestras decisiones, ya lo hemos dicho antes, MIEDO o AMOR, no hay más, ¿asistes diariamente a un trabajo que odias y que haces solo porque te pagan?, entonces tu decisión evidentemente es desde el miedo, y recordemos que cuando la emoción dominante viene desde el miedo, este nos va a vender siempre la idea de que el mundo es hostil, por lo tanto, el miedo siempre niega la abundancia.

Cuando, en cambio, mi decisión se toma desde el amor, se siente una paz impresionante, me levanto cada día con la tranquilidad y la certeza de estar haciendo lo correcto y lo más importante, puedo estar en un trabajo que no me llena, un trabajo que tengo claro que es provisional, pero cuando lo hago desde el amor, doy mi mejor versión, entiendo que ese dinero me sirve para mi subsistencia provisional y agradezco siempre por tenerlo, ser agradecido sí que te conecta con la abundancia.

Agradecer es aprovechar lo que ya tienes, para conseguir lo que aún no tienes, agradecer es una costumbre que debemos adquirir si o si en nuestra nueva vida de abundancia infinita, cada noche deberíamos leer una lista de cosas que agradecemos, vamos anotando todo por lo que debemos estar agradecidos, desde nuestra salud, hasta la salud de los míos, nuestro alimento, nuestro techo, en fin... vamos a darnos cuenta de que tenemos muchas más cosas porque estar agradecidos de lo que pensabas. Normalmente, cuando centramos nuestra energía en los deseos o las cosas que anhelamos, nos desconectamos del flujo de la abundancia, ya que nos salimos de nuestro ser esencial, del ser que somos, que ya tiene lo necesario.

Hay un extracto del libro de Los Esenios y La enseñanza de Jesús el Esenio de Oliver Manitara, que nos ayuda mucho a entender el poder de agradecer.

Técnica esenia de la gran gratitud

Una de las claves del respeto, y por consiguiente de la alegría interna y la iluminación, es aprender a ser agradecido y a dar las gracias con gratitud y con una adecuada comprensión.

Ciertamente me dirán que algunas veces no hay por qué dar las gracias, y que eso cultiva una actitud inocente, pasiva y débil. En verdad, la gratitud es todo excepto debilidad. Abre la puerta a una ciencia y conocimiento superiores.

Un acto emanado de la gratitud es siempre beneficioso y bello.

No saber dar las gracias no significa fortaleza en lo absoluto, sino debilidad.

Una persona prisionera de su descontento cae en estados mentales negativos que le roban su fuerza y su energía.

La expresión "GRACIAS" no es una mera frase educada y convencional. Es, por sobre todo, una frase mágica, un encantamiento sagrado, un poderoso mantra trasmitido a todas las personas por los grandes maestros espirituales y sus discípulos más iluminados. Sí, muchas costumbres de la vida que practicamos en forma inconsciente fueron originalmente instituidas por seres de luz que deseaban ayudar a la humanidad.

La expresión "gracias" tiene el poder de abrir la conciencia y despertar a la verdadera riqueza.

Aquellos que saben dar las gracias cuándo caen en las pruebas, demuestran su valor interno y su conexión con una conciencia superior.

Un agradecimiento tal debe provenir de una clara conciencia y de un perfecto conocimiento de las leyes de la vida.

Entonces posee el poder alquímico para transformar las situaciones y los estados mentales.

Cuando se dice de la forma correcta, el agradecimiento tiene la virtud de purificar el alma terrenal y las relaciones entre los seres.

Dar las gracias a alguien es purificar la atmósfera entre tu y esa otra persona.

Algunas veces incluso puede sanar relaciones kármáticas y situaciones difíciles. "Gracias" ejerce un poder liberador; permite el desapego, el abandono (o la aceptación de las cosas), y facilita el perdón.

Puede convertirse en una verdadera bendición para uno mismo y para otros; puede ser una muralla de defensa contra las fuerzas de la oscuridad que con frecuencia tratan de interferir en nuestras vidas para perturbar furtivamente, complicarlo o destruirlo todo.

Por medio de la gratitud, también se puede crear una firme base –una sobre la cual se pueda construir una vida útil, armoniosa, rica y consciente–, en el aspecto psicológico de la vida.

Las virtudes de la gratitud son demasiado numerosas para describirlas; lo más sencillo es conocerlas por experiencia propia, poniendo en práctica la gratitud.

Sin duda que necesitaremos una nueva percepción del mundo mucho más espiritual y sutil.

Es en el mundo invisible donde el agradecimiento adquiere todas sus dimensiones.

Por supuesto, sí vivimos sin espiritualidad, sin conciencia, sí damos la espalda al mundo invisible, admito entonces que dar las gracias pueda convertirse en una debilidad: para un ignorante, el agradecimiento es la muerte.

Pero creo que nosotros aún no llegamos a esto.

Para quienes están conscientes de su espiritualidad y, por tanto, de la parte más sutil de su ser y de la vida, agradecer es incrementar la intensidad de la vida.

El descontento estrecha la vida, mientras que la gratitud la expande, la aumenta, incrementa la alegría, y abre las puertas del infinito, del amor.

Aquellos que reciben amor con gratitud lo reciben doblemente, mientras que quienes están descontentos lo pierden.

La gratitud es el arte de saborear la vida con agrado; es también una aceptación inteligente y trabajo sobre uno mismo.

El niño pequeño que recibe muchos cuidados no puede tener regocijo, mientras crea merecerlo todo.

Vivir una mentira es sentenciarse uno mismo a infortunios y a desilusión.

Estoy convencido de que la alegría depende de nuestra actitud en la vida.

Si tu agradecimiento contiene todo lo que es del cielo, entonces se convierte en una fabulosa oración y en un regalo de amor.

Quien pronuncia las "gracias" de esta manera, comprende que nada en esta Tierra le pertenece, y que todo es un regalo de los seres superiores que velan por él. Ni siquiera su cuerpo, sus pensamientos o sus deseos le pertenecen.

Dar las gracias por todas estas bendiciones es estar en camino de adquirirlas verdaderamente, y de hacer algo positivo con ellas.

Cuando el agradecimiento se transforma en una oración, adquiere el poder de triunfar sobre las fuerzas oscuras y los estados mentales negativos que envenenan la vida.

Cada vez más y más, el mundo se asemeja a una selva infestada de insectos y animales extraños, hasta el punto de encontrarse uno en situaciones donde los estados mentales oscuros invaden la conciencia y la sensibilidad como una nube de mosquitos, en forma cada vez más frecuente.

Ya no sabemos cómo escapar a esos estados destructivos.

El gran agradecimiento "aquel que conoce el sendero hacia el mundo superior invisible" puede liberarnos.

Repito lo que digo, porque para mí el agradecimiento que se eleva al cielo con respeto y gratitud es la oración más hermosa. Ahora, es la oración más eficaz para sacar a los seres humanos del control de las fuerzas oscuras y los estados mentales negativos.

La palabra "GRATITUD" también significa renacer a uno mismo.

Finalmente debemos comprender que hemos permitido una forma de vida artificial que incrementa el desarrollo de la negatividad.

Por eso, tanto en el futuro como en el presente, las técnicas de alquimia interna serán cada vez más indispensables. Sin ellas, será imposible luchar para mantener la propia dignidad, el tesoro del alma, la belleza interior.

Debemos reinventar una nueva forma de vivir en la tierra para poder recobrar las fuerzas del alma que abren las puertas del cielo y de la iluminación.

Esta es una necesidad para el futuro.

Cuando los seres humanos llevan el cielo y la tierra dentro de sí mismos, no hay fuerzas negativas que puedan penetrar en ellos.

Entiéndanme bien: para mí el descontento es una fuerza negativa.

Claro que hay un tipo de descontento que es beneficioso, porque permite ponernos a trabajar aún más para alcanzar la perfección, pero este descontento es mesurado y controlado, es una herramienta de la creatividad.

No estoy refiriéndome a éste, sino al que invade el alma y lleva al servilismo, cerrando las puertas a la inteligencia superior.

"GRACIAS" es una palabra que une al cielo y la tierra.

Cuando el agradecimiento es sincero y está lleno de fuerza vital, tiene el poder de tocar y despertar ese centro íntimo que radica en el estómago y que los japoneses denominan el "hara".

La verdadera fuerza proviene del profundo agradecimiento que toca el centro del ser uniendo cielo y tierra.

Quién sabe cómo agradecer a la tierra, halla el fundamento de la vida psicológica.

La tierra limpia, purifica y sana muchos problemas psicológicos, e incluso enfermedades físicas, porque ambos están estrechamente relacionados.

Quién sabe cómo agradecer a la inteligencia de los cielos halla dirección en su meta en la vida. Es una luz que ilumina con verdadero conocimiento.

Todo lo que necesitamos hacer es ponernos a trabajar.

Muchas cosas en nuestra vida dependen de la forma en que dirigimos nuestras energías.

La inteligencia no radica en digerir las cosas como una cotorra, sino en la capacidad de comprender el significado positivo de la vida y caminar en esta dirección por nuestro bien, por el de los demás, y por el mundo.

Todos en la tierra deben ofrecer sincero y cálido agradecimiento a todos los seres –no al pequeño ser artificial en ellos, sino al Innombrable, omnipresente.

La aceptación de lo divino, sublime, infinito, inmortal, a través de todos los seres humanos y a través del Todo es la perfección del agradecimiento.

Ahora les enseñaré una antigua técnica esenia.

Antiguo Ejercicio Esenio de Purificación y Salud

Párate en medio de la naturaleza viviente, entre el cielo y la tierra.

Siente la tierra bajo tus pies; siente como la tierra te carga y te sostiene.

Siente el cielo infinito sobre ti; te inspira, te mejora, te eleva.

En el cielo, piensa en el origen de tu espíritu y de tu inteligencia.

En el cielo, piensa en el origen de tu alma eterna, de la más elevada conciencia universal.

En la tierra, piensa en el origen de tu alma terrestre, en tu conciencia individual.

Siéntete como una unión viviente entre las fuerzas del cielo y de la tierra, del infinito y de lo que está en desarrollo.

Arrodíllate en la tierra, y con tu mano derecha cava un pequeño hoyo en la tierra.

Coloca las dos manos juntas sobre tu pecho (el corazón místico), en señal de oración y de unión interna con el cielo y la tierra dentro de ti.

En esta postura sagrada, permite que una hermosa luz, la fuerza, la presencia del cielo, fluya a través de ti: el omnipresente Padre de todos los seres vivientes.

Imagina una luz diamantina, transparente como el agua pura.

Inclínate con amor sobre la Madre Tierra, y coloca tus manos alrededor del pequeño hoyo. Inclínate sobre la tierra y coloca tu boca entre tus manos.

Ofrécele con tus palabras a la tierra el agradecimiento del cielo a la Madre Tierra; ofrécele también el agradecimiento de tu corazón y, a través de ello, del corazón de la humanidad.

Pronuncia las palabras:

"Madre Tierra, yo te ofrezco mi agradecimiento con todo mi corazón, y a través de él del corazón de todos los hombres y las mujeres. Que todos los seres que llevas en tu seno protejan, nutran y bendigan todo lo que crece.»

Acuéstate después sobre la tierra y abandónate sobre ella. Que tu cuerpo y tu alma nacidos de ella sean uno con la Madre Tierra y su oculto esplendor.

Piensa y di:

"Madre Tierra, elimina todas mis enfermedades y mis faltas según tu voluntad, para que pueda recibir la bendición del espíritu divino y trasmitirla a todos los seres vivientes, según tu voluntad".

Mantente en comunión, en silencio, mientras dejas que la tierra te purifique completamente.

Ponte nuevamente de rodillas y coloca tus manos frente a la rosa solar del corazón.

Piensa en tu espíritu, siente tu alma, y di con tu fuerza vital:

"Con amor y gratitud,

te ofrezco mi amoroso agradecimiento lleno de luz.

A la Madre Tierra, gracias;

al agua de la vida, gracias;

al precioso aire, gracias;

al fuego sagrado, gracias;

a los minerales, gracias;

a las plantas, gracias;

a los animales, gracias;

a la humanidad que camina por el sendero de la evolución, gracias;

a todos los ángeles, gracias;

a la inteligencia cósmica que creó mi pensamiento, gracias;

al océano de amor que creó mi sensibilidad, gracias;

a la vida universal que impregnó mi futuro con la semilla de la individualidad, gracias;

a todos los seres del mundo, doy las gracias en Él, la única Fuente que unifica a todos los seres en su origen y propósito".

Cruza los brazos sobre tu pecho, inclina ligeramente tu cabeza, y pronuncia la palabra de cierre: "Amen".

Entonces, rellena de nuevo el agujero que cavaste para hablar con la Madre del mundo.

Por medio de la práctica de estos ejercicios, que son totalmente compatibles con nuestra vida contemporá-

nea, notarás que recibes una fuerza de balance y armonía que te permite estar más equilibrado y ser tú mismo en la vida.

La técnica de la gratitud permite que uno desarrolle una mayor sensibilidad hacia el mundo superior. No es un sentimentalismo poco saludable, sino un despertar que proviene de una mayor lucidez, más fortaleza, más bondad.

Nuestra vida es nuestra vida.

Somos nosotros quienes tenemos que vivirla, nadie más.

pero es obvio que, para vivir la vida de una forma armoniosa, necesitamos fortaleza y lucidez.

La técnica de la gratitud nos permite obtener esto, y aún más.

Uno generalmente siente temor de la sensibilidad, porque piensa que mientras más sensible sea una persona, más infeliz y enferma estará.

Por supuesto que si el agradecimiento no se expresa de la forma correcta puede enfermar, porque las energías no están dirigidas hacia el espíritu del cielo, sino que permanecen inconscientes y en forma demasiado personal.

Quien piensa que él o ella es el centro del mundo, cuando da las gracias solamente expresa una frase muerta educada y convencional, para esconder el verdadero ser que él o ella es, por la pura apariencia.

El verdadero agradecimiento abre la percepción de la belleza, de la sabiduría, de la grandeza y del amor.

Si un ser humano ya no percibe la realidad de mundo superior omnipresente, está perdido.

Es solo cuestión de tiempo que la caída sea inevitable.

Sólo él cultivar correctamente una mayor sensibilidad

pueden llevar a la humanidad hacia una verdadera evolución de luz y armonía, y permitirle superar todas las pruebas y las tentaciones.

Una fuente de bienestar y de gran beneficio para la vida es ofrecerse a sí mismo unos momentos de soledad en los que se pueda cultivar la armonía y el bien original en calma y en silencio, y cuando pueda pronunciarse la mágica frase del gran agradecimiento.

Luego podemos compartir esto con otros a través de simples actos, de palabras amistosas, de cálidas sonrisas llenas de luz que provienen de un mundo donde lo humano reina.

Como podemos ver, el agradecimiento es una especie de oración silenciosa que le dice al universo que estamos conscientes de su enorme abundancia y que estamos conectados con su esencia, el solo agradecer nos abre las llaves de la fluidez energética, es como si tuviéramos la contraseña del *router* del universo, para navegar por sus códigos más sagrados y protegidos, es como si abriéramos una puerta que nos lleva al universo de las posibilidades.

Y ya en el mundo de las posibilidades, conectados con la fuente infinita, debemos empezar a hacernos una pregunta que merece tenerse presente cada día de nuestra vida, ¿qué harías si tuvieras un mes de vida?

Procura no seguir leyendo hasta que hayas contestado esa pregunta y si quieres llévala más al límite, ¿qué harías si tuviera un día de vida?

De la sincera respuesta de esta pregunta, seguro va a salir un hermoso ejercicio para la conciencia, el problema es que tenemos la falsa creencia que aún tenemos tiempo, y eso nos da permiso de desperdiciarlo como si fuese infinito.

Este simple cuadro contiene 52 casillas verticales por 80 casillas horizontales, cada casilla representa una semana de vida de una persona promedio, con una vida promedio, en un país del primer mundo.

Cuando se pone en esta perspectiva, podemos darnos cuenta de que realmente no son tantas semanas, además una semana pasa demasiado rápido, a veces saltamos del domingo al jueves y ni nos enteramos, y eso sería marcar uno de esos cuadros cuando muchas veces nos consumimos nuestro tiempo viendo series, pasando aburridos en un trabajo y viviendo una vida de lucha.

Si a eso le restamos nuestra edad, en mi caso 50 años, eso marca que más de la mitad de mis semanas ya fueron consumidas y si a eso le sumamos que la calidad de vida en términos de salud empieza a decrecer, dejar esos viajes a esquiar o escalar montañas, no va a tener mucho sentido a los 70 años.

La vida es ya, debemos tener presente esto siempre, la vida es ya, todo está pasando en este momento, procrastinar hace que nuestro ser muera lentamente en una agónica espera que nos hace pensar que viene algo mejor, atención, no viene nada mejor, lo mejor de tu vida está pasando en este momento, y si en este momento estás pasando por una crisis de cualquier índole: existencial, de pareja, económica, de salud, pues bien, es hora de agradecerla y sacar de nosotros el poder curativo que tiene cada crisis, sacudirnos el polvo y seguir, el dolor es perfectamente natural, el sufrimiento es una elección, si te quieres quedar perpetuando el dolor, entonces vas a sufrir aún más.

Conéctate con tu esencia, respira, agradece y toma consciencia de para qué trajiste esa crisis a tu vida, qué debes aprender de ella y recoge los pedazos para seguir adelante, entiende, no hay mucho tiempo.

***

En conclusión, la abundancia es una fuerza inherente y espiritual que late en cada rincón del universo, donde todo lo que verdaderamente necesitamos está presente. Al trascender el miedo, el deseo y el orgullo, y alinear nuestras acciones con el propósito y el amor, podemos cultivar una conexión profunda con la abundancia que nos rodea. Esta relación se nutre de la gratitud, que actúa como un catalizador para abrir nuestra percepción y permitir que la energía fluya sin restricciones.

El cambio en nuestra vida comienza con una decisión: optar por vivir desde la abundancia en lugar de la escasez, reconociendo que todo lo que necesitamos ya está a nuestro alcance. Al soltar la idea de necesidad y agradeciendo lo que ya poseemos, desatamos un potencial infinito que nos permite transformar tanto nuestra realidad como la de quienes nos rodean.

Al final, se nos invita a reflexionar sobre cómo estamos viviendo cada día. Preguntémonos: ¿qué haríamos si solo tuviéramos un mes, un día de vida? Esta pregunta no solo nos confronta con la urgencia de vivir plenamente, sino que también nos motiva a accionar desde el amor y a cultivar una vida en la que cada instante esté impregnado de agradecimiento y conexión con la abundancia. Así, al sembrar semillas de generosidad y compasión, cosecharemos una vida rica en experiencias, relaciones y abundancia. La verdadera riqueza radica en recordar que, en esencia, la abundancia simplemente ES.

La Prosperidad

La sola definición de esta palabra trae paz en nuestra vida, una vez nos conectamos con ella, jamás volveremos a ser los mismos, prosperidad es aprender a estar bien, pase lo que pase.

Esto quiere decir que la prosperidad es la buena gestión de la inteligencia emocional, como lo hemos dicho en páginas anteriores, el tendón de Aquiles del ser humano.

Cuando nos conectamos con la prosperidad, ya no estamos al vaivén de la emocionalidad, pasar de la euforia cuando todo está bien, a la depresión cuando algo va mal, hace que el ser humano se mueva en una montaña rusa que desafortunadamente no le hace ningún bien a su existencia.

Ser próspero implica no hacer parte de ese movimiento emocional tan pronunciado, es más bien sentir el bienestar como una postura existencial; no estoy diciendo que dejemos de sentir, eso sería imposible y aburrido, solo que no seamos esclavos de nuestras emociones y no tomemos decisiones mientras estemos bajo el dominio de alguna emoción, con esto quiero decir que conectemos nuestra parte reflexiva y analítica ante cualquier decisión y veremos como nuestra vida cambia.

Una persona próspera se conecta de una manera muy profunda con la abundancia, de hecho, es esta mentalidad basada en estar bien, que hace que la sincronicidad con el universo se mantenga de una forma permanente y fluida, es como si ahora nuestro *software* mental hubiese develado la contraseña universal para acceder a los archivos de las leyes del universo.

La prosperidad trae como consecuencia el dinero, al contrario, no necesariamente funcionaria, es decir, el dinero no da prosperidad, pero la prosperidad definitivamente trae dinero.

Una forma de explicar esto ocurre con personas con enormes fortunas, pero que, al no ser prósperas, su desequilibrio emocional, hacen que no disfruten su dinero, por lo tanto, ese dinero se convierte en su verdugo.

Lo vemos constantemente en nuestros países, debido a la enorme fortuna de personas cuyas decisiones de vida los llevan a manejar negocios ilícitos con referencia a la venta de sustancias narcóticas; este tipo de personas, generalmente jóvenes de barrios de escasos recursos, se ven sorprendidos por un enorme éxito económico, producto de esta clase de negocios, pero realmente ellos no se ven ricos, pueden andar en vehículos de alta gama, tener mansiones y fincas de lujo, pero realmente pareciera que cada vez se alejan más de la riqueza, es ahí donde aplica el dicho "es tan pobre, que solo tiene dinero".

Hace unos años en mi país estaban tras la pista de uno de los cabecillas de una de estas tantas bandas delincuenciales que se dedican al narcotráfico. Sorprende ver que a los pocos meses esta persona cayó en manos de la policía y que se trataba de alguien realmente joven, no pasaba de los 24 años, fue extraditado y comenzó a confesar sus delitos y a entregar sus "caletas" con dinero, recuerdo que en los noticieros hablaban de una entrega de más de 5 mil millones de dólares –no es un error de imprenta, USD 5.000 millones– en manos de un hombre de 24 años, cuya carrera delictiva terminó después de una intensa búsqueda, en una finca con dos de sus escoltas en aparente estado de desnutrición.

Estuvieron encerrados en una finca por más de cuatro meses, huyendo de la policía y el ejército, llevaba unos dos años en esa carrera de gato y ratón y cada vez tenía que hacer más liviano su equipo de seguridad, a las personas de su absoluta confianza, ya que la suma de dinero que el gobierno daba como recompensa por su cabeza, era cada vez más jugosa.

En sus declaraciones ante la Fiscalía de Estados Unidos, esta persona contó cómo la presión de la fuerza pública los llevó a guardarse en esa finca con muy pocas provisiones, pasaron encerrados incluso durante la Navidad, sus dos hombres de confianza y él.

Ante la falta de alimento y la inminente llegada de las fiestas decembrinas, uno de sus escoltas solo pudo salir a una pequeña tienda cerca de su refugio, y cuenta que su cena de Navidad fue: galletas saladas y salchichas en lata. Es probable que usted que lee esto, le parezca normal, pero como estamos analizando la palabra prosperidad, esta situación raya en lo inaudito, una persona llena de dinero, con definitivamente mucho más de 5 mil millones de dólares y su cena de Navidad fue casi nada, ante la imposibilidad de conseguir algo mejor. Mientras que cualquiera de nosotros, sin importar nuestra condición económica, lo más probable es que en 2015 hayamos tenido una cena de diciembre en familia, probablemente con deliciosos ingredientes, recuerden "la prosperidad trae dinero, el dinero no trae prosperidad".

De hecho, como la prosperidad tiene una estrecha relación con la mentalidad, esto hace que nuestra psicología, condicione nuestra economía; por lo tanto, cuando mi psique es débil, mi nivel de prosperidad también lo será y, por ende, mi economía será un desastre.

Independiente del éxito de la persona, no tener una mente preparada, hace que el dinero se vuelva un problema.

Pensemos en algo menos turbio, los jugadores de la NBA, personas que durante muchos años disfrutaron del fruto de sus partidos y de jugosos contratos publicitarios, pues bien; las estadísticas dicen que el 70 % de esos jugadores, una vez se retiran, se declaran en bancarrota en menos de dos años, esto no es un detalle menor si tenemos en cuenta que solo por contratos publicitarios, pueden obtener cifras de más de 200 millones de dólares por año.

¿Cómo es posible que alguien gaste todo ese dinero? Esa respuesta está en la mentalidad, en la desconexión profunda con su ser, y, sobre todo, en la desconexión profunda con su espíritu reflexivo y en una conexión muy fuerte con sus emociones.

Estas emociones hacen que la mente los engañe haciéndoles creer que usar el dinero en lujos les compra un estatus, que comprar mansiones, es tener un hogar, que comprar camas de oro, les hará sentir sueño... simplemente la mente los pone en la famosa "necesitis" de la que tanto hemos hablado.

Cuando vemos en páginas de entretenimiento los gastos absurdos de no solamente estos jugadores, sino también de actores, de cantantes, de gente del *jet set*, nos damos cuenta de sus enormes vacíos existenciales y de cómo tratan inútilmente de llenarlos con dinero, mostrando con sus comportamientos un niño herido que trata de llenar vacíos en su vida adulta.

Este niño es conocido en el idioma psicológico como "el inconsciente", y este inconsciente se encarga de tomar más del 90 % de nuestras decisiones.

De acuerdo con nuestra herida de la infancia, la interpretación de ese niño y el entorno hacen que de manera totalmente inconsciente se tomen decisiones de por vida a temprana edad, siendo ese niño "pataletoso" quien nos gobierna, por eso es vital sanar la relación con nuestro niño interior, sobre todo para mejorar nuestra relación con el dinero.

De acuerdo con la experiencia de vida de cada persona, nuestras decisiones nos pueden atraer a unos arquetipos o modelos, en este caso financieros, que probablemente defenderemos como cierto a lo largo de nuestra vida, recuerda que esto pasa producto de una herida monetaria, de una discusión de los padres por dinero, de un embargo bancario donde el niño vio como su familia perdió todo, quizás de una quiebra económica de un familiar muy rico, de un divorcio, en fin... la lista es tan larga, como los caminos que una mente puede tomar.

De acuerdo con esto, surgen lo que yo llamo "Los ocho moldes del dinero", basado en mi experiencia como asesor financiero, estos moldes son:

El Guardia

Este modelo se identifica más por lo que siente que por lo que piensa, su mente está atrapada en el dinero como supervivencia, dándole un inusual valor al dinero, como su tabla de salvación, con un constante miedo a no tenerlo y un pánico impresionante por la incertidumbre, el guardián todo el tiempo teme a los tiempos apocalípticos, a qué viene algo grave, a la crisis, a las caídas de las bolsas.

Como su mente se enfoca en la amenaza, siempre crea escenarios cada vez peores, *crash* financiero, armas nucleares en manos equivocadas, escándalos contables, guerras en medio oriente, reseteo del dólar.

Constantemente sufre por el dinero, y sus inversiones se representan en productos financieros muy seguros, tales como: certificados de término fijo CDT, bonos de gobiernos, e instrumentos financieros de bajo rendimiento, pero extraordinariamente conservadores.

El guardia, ante la constante amenaza de verse sin dinero, (cosa que solo pasa en su mente), comienza a tener episodios de insomnio, ansiedad, pesimismo, desasosiego, depresión, tensión en la mandíbula, bruxismo, dolor en el cuello e incluso la aparición de tics nerviosos.

Al estar avizorando que viene algo peor, genera crisis de angustia, ya que el futuro se le cierra tanto, que se ve estrecho, angosto, precisamente de dónde viene la palabra "angustia".

Un guardia viene de heridas monetarias sobre pérdidas de dinero, por ende, el dinero en su vida representa la supervivencia, al haber experimentado episodios traumáticos de rabia, impotencia, vergüenza y miedo al rechazo, el dinero adquiere suma importancia, casi como el aire para la vida de un guardia.

Algo que debemos tener en cuenta, es que suponemos que no debería de haber guardianes en países desarrollados, al no existir grandes amenazas a la economía, sin embargo, esto no es así. Guardias hay en todas partes, porque si bien nadie puede negar que en el mundo hay problemas muy graves como pobreza, hambre, violencia, en los países desarrollados esos problemas son casi siempre cosa del pasado, aun así el guardia sigue ahí, prediciendo el caos en cualquier momento, ya que el caos realmente está en su cabeza.

El único potencial real que sale de vivir tan preocupado es advertirnos algo, quizás la necesidad de cambiar nuestra conducta, en este caso el guardia financieramente se encuentra bien, la guerra la vive es en su cabeza, lo que hace que las circunstancias afuera lo preocupen más, cayendo en un entramado círculo vicioso, ya que se la pasará en pensamientos obsesivos que no llevan a ningún puerto.

Recuerden que cuando somos emotivos frente a algo, tendemos a cometer más errores, por eso el guardián analiza tanto cualquier movimiento, que sufre parálisis por análisis, dejando muchas veces ir grandes oportunidades.

En el caso del guardia, es ideal trabajar con su niño interior y hablarle como el adulto que hoy ya es, deja que ese niño se desahogue, suelte su miedo, su humillación, su herida monetaria.

Algo lindo para decir del guardia y que hace que este comportamiento se pueda poner de manera positiva, es que llegan a ser muy prudentes, cautelosos y atentos al dinero.

Muchos son altamente eficaces con el dinero, aprendieron que la mejor forma de lidiar con ese miedo era la frugalidad y eso los lleva a ser muy cautelosos.Si tuviera una empresa, quisiera que mi auditor fuese un guardia.

El Buena Vida

Este modelo es muy frecuente en nuestra sociedad, personas con enormes vacíos emocionales que buscan llenarlos con experiencias y cosas que se compran.

Una buena vida puede surgir de padres buena vida igual o de padres que sufrieron la gran depresión y se volvieron excesivamente tacaños, así que los hijos tienen comportamientos de venganza inconsciente a través del gasto excesivo en emociones.

Tienden a rechazar objetos intangibles, como comprar acciones, tener cuentas de banco, invertir en contratos y prefieren tener experiencias reales sensoriales, casas, coches, aparatos. Estos individuos sí que saben disfrutar su dinero.

De ese modo le buscamos precio a las cosas que no tienen valor.

Un buena vida no disfruta tanto lo que hace como lo aparenta en sus fotos de redes sociales, detrás de él hay una enorme historia de dolor frente al dinero.

Si bien son la envidia de muchos familiares y amigos, ya que no son adictos al trabajo y, antes, por el contrario, muestran una vida llena de lujos y viajes, este molde tiene o puede llegar a tener un gran desequilibrio.

Cuando deseamos tanto un objeto, lo que la mente quiere no es el objeto, realmente lo que busca es liberarse del deseo de comprar, esto quiere decir que el objeto en sí no es importante, de hecho muchas personas que practican la terapia de shopping, llegan a casa llenas de bolsas con ropa, zapatos y tecnología, que realmente muchas veces ni usan y si las usan, el periodo de disfrute es tan corto, que en unas pocas semanas ya están en desuso, esto sin hablar de la ropa, personas que guardan en su armario ropa y zapatos que no han destapado y en cada salida traen más y más cosas, que realmente no necesitan.

La emoción es, sin lugar a duda, el detonante en la mente de un buena vida, pero recuerden "cuando somos emocionales respecto a algo, tendemos a cometer más errores", por lo tanto, la mente de un buena vida, es una fuente inagotable de errores, que se van sucediendo uno tras otro.

Epicuro, manejaba muy bien el tema del bienestar, y decía que este debía llegar del manejo racional del deseo.

Aun en esa época, ya se sabía que la mente reflexiva era muy poderosa y que los pensamientos de corto plazo nos volvían cada vez más emocionales.

Un buena vida no nace necesariamente en un hogar rico, de hecho los hay en estratos medios y bajos también, su mandato mental le dice que nada le puede llegar a producir tanto placer como gastar el dinero, en casos extremos, los buena vida llegan a decir que "uno se muere y nada se lleva", para justificar sus gastos absurdos, incluso llegan a pensar que uno se debe morir en la ruina.

Como les digo, una buena vida no tiene una vida tan boyante como lo hace ver en sus redes, su vacío existencial no muestra su lado menos amable, enormes cantidades de deuda, muchas veces una familia soportando reportes a centrales de riesgo o incluso perdiendo su patrimonio para pagar el tren de vida de su pariente "gastador", hace que este modelo financiero no sea sustentable.

Uno podría valorar si es un buena vida cuando:

- Ahorra menos del 5 % de sus ingresos.
- Las deudas son superiores a los activos.
- Las mayores inversiones son joyas, vinos, o simples artículos de colección.
- Usa mucho la terapia de compras.
- Sus gastos en lujo crean tensión con su pareja.

De hecho, las frases que más usan son: ¿para qué sufrir?, "el dinero es para disfrutarlo", "no te lo puedes llevar a la tumba", "me lo merezco". Todo esto es hermoso, suena lindo y tiene mucha lógica, el problema es que, en el desequilibrio por rebuscar ese bienestar, estamos negando el placer en las pequeñas cosas de la vida y salimos a buscar afuera y eso muchas veces termina haciendo trabajar al buena vida en un empleo que detesta, manteniendo relaciones por conveniencia para no soltar su estilo de vida tan alto, cayendo en un círculo vicioso donde quiere rebuscar bienestar, pero cada día se siente más mal. Por esto, sale a buscar más y se siente aún peor, más endeudado y vacío, de ese círculo nunca se sale, a menos de que estemos dispuestos a transformar nuestra vida.

Recordemos que las deudas son la consecuencia natural de este molde financiero, al tener una actitud tan despreocupada por el dinero, seguro que ya se han metido a lo largo de su vida en grandes deudas, de hecho, este es el sucio secreto del tío Sam, una vida llena de cosas, con un enorme costo de deber, no solo el daño a la economía hiperinflada, si no, costos emocionales.

No se trata de no comprar nada, de no desear, de no tener antojos, se trata simplemente de tomar distancia del objeto del deseo y reflexionar bien en lo que sentimos al desearlo, de ese modo mis compras serán cada vez más conscientes.

Algo positivo de este molde financiero, es el disfrute del aquí y el ahora.

El Filántropo

Este molde financiero tiene como todos los anteriores un fondo hermoso, en este caso es la ilusión de un mundo mejor, el tema es que realmente es una máscara de desilusión, ya que es una idealización de la pobreza y una rabia inconsciente por la riqueza, es una especie de mente comunista disfrazada en este molde.

El filántropo tiene inclinaciones a ser activista social, a buscar mucho su camino espiritual, y a creer que el dinero es la raíz de todos los males; de hecho, inconscientemente se están diciendo que serían unos traidores a su clase si tuvieran dinero.

Lo paradójico del tema, es que, en muchos casos, los filántropos no vienen de familias, pobres, de hecho, hay una inmensa mayoría que vienen de familias bastante ricas y se avergüenzan de sus orígenes financieros. Se la pasan hablando todo el tiempo de lo corrupto del sistema, de las corporaciones, de los gobiernos tramposos y se sienten muy extraños en círculos financieros de clase media o alta, donde muchas veces pertenecen.

Pretenden vivir una vida en aparente grado de desprendimiento del dinero, pero realmente sufren un enorme estrés financiero, mismo que los lleva a trabajar en empleos que odian, para poder validar más su aversión por el dinero; procuran llevar una vida frugal, sus ingresos son exiguos y gastan poco.

Su visión del dinero viene condicionada por causas externas de ideología política o religiosa, por eso caen fácilmente en el comunismo, en el budismo o en el cristianismo "verdadero".

De hecho, estas ideologías son fácilmente adquiridas en espacios educativos como las universidades públicas, donde se manejan pensamientos de Marx, Lenin, y donde cada persona sale a confirmar afuera que estos discursos realmente son muy ciertos, y de ahí empieza la semilla del idealismo en su mente.

Es indudable la razón de ser de este molde, ya que es innegable el mundo muchas veces injusto en el que vivimos, pero no es echándole la culpa al dinero, como se van a solucionar los problemas del mundo.

Escuchar a un filántropo hablar de libre mercado, guerras, intereses económicos, corporaciones, recursos naturales, y toda suerte de teorías conspirativas, aparte de ser una delicia muy bien sustentada, el ambiente queda lleno de una mezcla entre desesperanza y odio a los demás. Por eso este molde financiero es de mucho sufrimiento, si bien se quiere la justicia y la igualdad, sabemos que no es acabando con los ricos como lo vamos a lograr.

Para un filántropo es muy duro cuando no tiene suficiente dinero para sufragar sus gastos y tiene que actuar correctamente frente a su familia para que le ayuden, de hecho, siente que traiciona su clase, ya que está recibiendo ayuda de algo que siempre ha odiado o que dice odiar, el dinero.

Un filántropo evade la realidad, no quiere saber nunca cuánto dinero tiene o debe, de hecho este molde no tiene una ganancia secundaria con su modelo, salvo defender sus propias creencias, de hecho, muchos se convierten en artistas, escultores, pintores, activistas o maestros espirituales. Por eso crean esa sensación de separación entre el sistema y lo que ellos creen.

El problema del filántropo es que se niega a mirar hacia dentro su problema y enfoca toda su atención en el afuera, lo que hace que sea esclavo de las circunstancias, obvio que es más fácil culpar a los demás de las cosas que pasan, que iniciar un trabajo de consciencia para identificar creencias y ver qué suposiciones hemos adoptado como ciertas en nuestra vida y hoy en día están perjudicando mi existencia.

Algo hermoso de este molde, es que desarrollan grandemente la compasión, esta palabra es bellísima porque nace de ponerme en el lugar del otro, así que ayudan mucho a la humanidad cuando se está dentro del molde filantrópico de la manera correcta, no desde apartarme del dinero.

El Tacaño

Este podría ser uno de los moldes financieros que más repudio convoca, todos conocemos personas tacañas y muchas de ellas con grandes fortunas guardadas, de hecho, la tacañería puede ser la peor forma de conseguir dinero.

En la vida de un tacaño, el dinero significa seguridad, protección, estabilidad, por eso el dinero para un tacaño, significa la vida misma y esa es la razón de cuidarlo con tanto esmero; al tener el dinero una importancia tan desmesurada, el tacaño siente un deseo impresionante de ahorrar más y estar viendo su dinero aumentar en sus cuentas de banco o bajar los gastos, viendo en cada centavo ahorrado, una posible ganancia.

Como podemos ver, los tacaños se dividen entonces en dos grupos, quienes ahorran y se enfocan en ver crecer sus cuentas y aquellos que tienen la enfermedad del vagabundo, personas que muy abiertamente son recreados en un programa de televisión llamado "Tacaños extremos" en el que podemos ver como personas aparentemente normales, con casas y familias normales, sufren este síndrome de vagabundos y ahorran en cosas que a los ojos de cualquier persona, son exageradas, manías como: lavar la seda dental para no seguir gastando, buscar comida en las basuras de los restaurantes, soltar el sanitario cada semana para ahorrar agua, e incluso, tratar de conseguir descuentos en grandes superficies y estaciones de gasolina; todas estas conductas son propias de mentes un poco enfermas, ya que el dinero en su vida se convierte en el aire.

Gastar el dinero, usarlo, trae una atmósfera impresionante de culpa, que no los deja disfrutarlo realmente, es como si vivieran en una prisión mental, por ende, para el tacaño, lo que más lo satisface es la acumulación y la preservación, eso le genera tranquilidad, ya que el miedo es de lejos la mayor motivación del tacaño, por eso no disfruta sus compras como las demás personas, su nivel de disfrute es casi cero y realmente sufren demasiado cuando se ponen de generosos.

Conozco casos de tacaños que en su herida monetaria han adoptado conductas sociales como jamás dejar comida en el plato, así no sea de su agrado, mantenerse con ropa que lleva años en el closet por no gastar dinero actualizando sus prendas y sentir miedo real a quedar en la ruina.

Un tacaño puede experimentar enorme placer cuando consigna dinero en su cuenta y ve cómo esta crece, cuando encuentra un ítem que le ayuda a bajar sus gastos o cuando hace una inversión segura. Obviamente, su mente sentirá un alivio temporal, luego los pensamientos de inseguridad, como que el banco se irá a quebrar, que esa inversión no rendirá sus frutos o que el bajo en el coste de vida no es real, y de ese modo la tranquilidad desaparecerá de nuevo para darle entrada a esa mente ruidosa que le indica que debe ahorrar aún más y ser más cauto con el dinero.

La Vedette

Este tipo de personas desean por encima de cualquier cosa, atención, reconocimiento, respeto, tener prestigio.

El problema es que ese anhelo por tener respeto afecta su vida financiera de maneras impresionantes, como por ejemplo cuánto gastar y en qué hacerlo, cuál carrera escoger, en qué lugar vivir y con quién le conviene casarse; si se están fijando bien, para una vedette, el dinero fácilmente puede comprar el amor. Por ello, este molde financiero gasta fortunas en imagen corporal, ropa, joyas, belleza.

También invierten gran cantidad de sus recursos en cómo ser percibidos por los demás, por eso se fijan mucho en dónde vivir, a qué colegio llevar a sus hijos, qué carro tener, y de ser posible, comprar una membresía de un club privado; para una vedette, es muy importante llamar la atención, impresionar, donar.

Este molde financiero suena como muy ajeno a nosotros y quizás hasta este momento no te hayas identificado como una vedette o no conozcas una, pero la realidad es diferente, de hecho, es uno de los moldes financieros que más se pueden encontrar y de hecho nosotros caemos fácilmente en él. Para una vedette el dinero significa un medio para ganar la admiración de los demás, y por eso a veces incurre en deudas para tener el último celular, bolsos de marca o zapatos de diseñador; aunque esto en términos generales no significa que seamos una vedette, hay personas que realmente afectan su futuro financiero por llenar esos vacíos de amor y respeto.

Este molde está marcado por la época en la que vivimos, nuestros hijos son bombardeados todo el día por comerciales y presión social para vestirse y ser de esta o aquella manera, haciendo que sea difícil salirse de esta Matrix de gastos forzados y no cabe duda de que la belleza física aumenta los ingresos y eso está demostrado por diversos estudios, por eso caer en este molde es tan fácil en una época en la cual el fortalecimiento espiritual y la inteligencia emocional, brillan por su ausencia.

Una vedette puede surgir de cualquier hogar, pero quedarse atrapada en ese molde en la vida adulta muchas veces obedece a episodios dolorosos de discriminación por su clase social, raza e incluso inclinación sexual. Por esta razón, puede haberse prometido inconscientemente no volver a padecer algo similar y evitar situaciones en las que sea juzgada por su apariencia. Desarrolla el síndrome del patito feo y se siente poco atractiva; aunque esta percepción suele ser ficticia, está tan arraigada en la mente que resulta difícil de erradicar. Por eso, su adultez a menudo está marcada por el deseo de llamar la atención, en respuesta a la falta de aprobación, apoyo o amor.

Una vedette puede ser hijo de otra vedette o por padres con muy poca autoestima, por lo cual desde pequeños recibieron recomendaciones u órdenes para prestar atención a los detalles físicos, y lentamente les inculcaron a sus hijos señales exteriores de valor.

Este molde podría confundirse con el rebuscador de bienestar, pero en este caso, la vedette no busca su bienestar, realmente quiere es que sus actos tengan una reacción ajena. Aunque podríamos estar pensando que se pueden lograr ambas cosas, por ejemplo, darme el placer de comprar un convertible de alta gama, va a generarme placer y también va a despertar la admiración de muchas personas; pero en el caso de una vedette, este podría ir más allá con tal de ganar respeto. Si está de moda ir al polo sur de vacaciones, lo va a hacer a como dé lugar, sin importar el frío, sin importar que odia el polo y sin importar las increíbles incomodidades que pueda pasar, todo vale, por eso también se someten a dolorosas cirugías plásticas; para una vedette, no hay límites con tal de sobresalir.

Todos, desde niños deseamos ser reconocidos, hace parte de nuestro paquete de nacimiento y eso es innegable, pero en este caso estas personas siguen disfrazando ese comportamiento en un paquete adulto, y por eso se recurre a los demás para aumentar la valía.

Por eso el trabajo de una vedette es la autoestima.

El Ingenuo

Cuando algo es extremadamente complejo para nuestra mente, esta busca la forma de no ponerle atención, en el caso de este molde financiero, el dinero y las matemáticas que lo rodean, no importa lo simples que sean, se convierten en un mundo ajeno para el ingenuo, por ende, su mente deja de prestarle atención al dinero.

El ingenuo podría ser uno de los moldes más populares, ya que no importa donde se encuentren, conozco inocentes que llevan 35 años en un mismo empleo que odian y otros que tienen un millón de euros en ahorros; pero no importa lo que tengan o lo que hagan, los ingenuos realmente son incapaces de manejar dinero y de lograr una suficiencia financiera a largo plazo; a diferencia del filántropo, el ingenuo no está en contra del dinero o del sistema, simplemente tienen metido en su cabeza que el dinero no alcanza, no es suficiente, y se sienten absolutamente confundidos con su uso y manejo, de hecho los demás moldes financieros tienen mecanismos de defensa bien sea en el ahorro, la inversión o el despilfarro en la imagen; en el caso del ingenuo, su sufrimiento por el dinero se hace evidente, por su enorme confusión.

No todos los ingenuos están en la ruina o reciben subsidios gubernamentales, aunque hay muchos que sí; la historia del ingenuo es que no pueden atraer dinero y de hacerlo, no logran conservarlo, no tienen vida que sueñan, creen de manera inconsciente que no merecen la abundancia, que el dinero los odia, ganan por debajo de sus gastos y muchas veces tienen profesiones que no pagan suficiente.

Para un ingenuo, su máxima esperanza es lograr un golpe de suerte que le ayude a aliviar su relación con el dinero, de hecho este es uno de los moldes financieros que son más propensos a jugar loterías y juegos de azar, también son el grupo base de las tristes celebres pirámides y esquemas ponzi, debido a su alto nivel de frustración, ven los juegos de azar y las altas rentabilidades de esas cantadoras de dinero, como una real alternativa a su vida financiera, logrando por medio de estas empresas validar lo que tanto creen, por eso en esas estafas resaltan su falta de confianza y su sentido del fracaso financiero que llevan en su ADN, de hecho hay inocentes que reciben herencias, ganan la lotería o algún jugoso contrato, pero su falta de habilidad administrativa, hace que ese dinero se pierda en un tiempo muy corto.

Si bien conozco rebuscadores de bienestar que por tener dinero pagan una tarjeta de crédito con otra y luego hacen lo mismo para pagar la otra, en el caso del ingenuo, esto lo hace sin saber el enorme costo que está pagando con ese movimiento, de hecho conozco ingenuos que no saben consolidar una chequera o mirar fechas de corte de una tarjeta, tasa de interés de sus préstamos o datos que están en sus balances y prefieren cerrar sus cuentas o jamás mirar sus plataformas bancarias, porque les da miedo ver cuánto deben.

Los ingenuos vienen de padres ingenuos que nunca les enseñaron nada sobre el dinero, aunque también pueden venir de padres exitosos, pero poco amorosos con sus hijos, con lo cual ellos decidieron tomar distancia del dinero y ponerse ingenuos frente a su manejo.

Los ingenuos reciben mucha compasión de la gente, y esa puede ser una ganancia secundaria que los mantiene atrapados en ese molde, tienden a ser víctimas de parejas agresivas y posesivas o a tener relaciones de dependencia financiera.

El Mecenas

Este molde financiero usa su dinero para ayudar a sus familiares y muchas veces a sus amigos; se sacrifican en términos financieros por los demás, así no dependan económicamente de ellos o no tengan obligación alguna.

Los mecenas anteponen las necesidades de los demás a las suyas y tienen mentalidad de subsidio, de hecho, piensan que los demás no serían nada sin su ayuda.

Estoy seguro de que hasta donde han leído este molde, deben estar pensando que todo esto está muy bien, pero pensemos analicémoslo mejor; muchos mecenas donan increíbles sumas de dinero a causas benéficas, a personas marginadas, dedican gran cantidad del tiempo a contribuir a la humanidad, no solo son autosuficientes, sino que también se encargan de la suficiencia de los demás, incluso tienen muy desarrollada su compasión, solidaridad y generosidad, el mundo sería un lugar muy cruel sin los mecenas.

Ahora revisemos la parte oscura del mecenas: al igual que los filántropos, los mecenas no están interesados en el dinero, ellos creen que la mejor forma de usarlo es ayudando y compartiéndolo con los demás. El problema es que dejan un montón de personas que se van volviendo poco a poco dependientes de ellos, disminuyéndoles cada vez más las opciones de salir de sus propios asuntos; sentirse necesitado por alguien puede traer una enorme responsabilidad, con frecuencia este molde se carga demasiado y además no se da a sí mismo, porque piensa solo en los demás.

Hay que entender que muchas veces este comportamiento no es tan sano, es decir que no siempre surge de un impulso generoso y a veces lo que busca es que los demás lo necesiten, de hecho, a veces odian gastar en ellos porque sienten que están privando a alguien de esos recursos y ahí debemos recordar algo: "no podemos dar lo que no nos damos a nosotros", primero debemos servirnos a nosotros mismos.

Un mecenas puede venir de familias donde un hijo mayor tuvo acceso a una mejor educación en detrimento del bienestar de sus otros hermanos, por lo cual carga con una responsabilidad inconsciente por ayudarles de por vida, este contrato que solo es mental hace que todas las personas en esa ecuación realmente se frustren, sobre todo cuando el mecenas quiere controlar la vida del protegido.

En el lado más oscuro, que es lo que quiero sacar de cada molde financiero, el mecenas busca de manera inconsciente hacerse necesario, aunque en muchos casos no recibe de la gente los agradecimientos o por lo menos que se construya una relación de reciprocidad.

Cuando un mecenas ayuda a alguien y siente que realmente la otra persona no lo lograría sin su ayuda, termina formando personas cortas de carácter, con enormes dependencias financieras y mentalidades de escasez, a veces la mejor manera de ayudarle a alguien es no ayudarle, para que su mente se incomode y busque caminos; pero el mecenas quiere hacer falta y sentirse amado y necesitado y va a hacer lo que sea por ayudar; el tema se complica cuando asumen funciones de mártires y se toman ciertas atribuciones para llegar incluso a decidir sobre la vida de esas personas, o muchas veces algo silencioso como un sentido de superioridad moral.

Que bueno ayudar a las personas, que agradable dar mi tiempo y mi dinero, pero siempre debemos preguntarnos qué es lo que estamos esperando con esa conducta, quizás no estamos permitiendo que esas personas hagan un despliegue máximo de sus funciones y su creatividad, de hecho, podríamos estar haciendo daño.

Lo que más he notado, es que la mayoría de los mecenas son mujeres y casi siempre tienden a ayudar a sus hijos que con más de 30 años aún viven en su casa materna sin contribuir absolutamente con nada, haciendo un daño enorme en la mente de estas personas que adquieren mentalidad de subsidio y escasez, donde van a sentir que el mundo siempre les debe.

El mundo necesita muchos mecenas, pero que estén sanos, que se den primero a ellos y luego a los demás, que no sientan culpa u obligación por dar, que lo hagan desde el amor; jamás descuiden su seguridad económica y su bienestar, nunca pongan por delante el bienestar de otros; definan límites saludables y bien definidos; hay que comprender que las personas pueden cambiar por sus propios medios si realmente lo desean y que podemos ayudarles a que hagan esa transición gradualmente de la dependencia a la autosuficiencia; procura generar relaciones recíprocas, que a quien ayudas te limpie el jardín o te pula el carro, eso también indica respeto por la otra persona; el mundo necesita muchos más mecenas calificados.

El creador de imperios

Este molde financiero al igual que el tacaño, tiende a generar un poco de aversión por parte de los demás moldes, sobre todo el filántropo y el inocente; el creador de imperios tiene una visión de negocios muy amplia, pero en su parte más oscura, genera grandes desequilibrios en sus vidas con tal de lograr sus objetivos, en casos extremos, pueden llegar a sacrificarlo todo: matrimonio, salud, familia, sociedad, a veces hasta principios.

Muchas veces un creador de imperios oculta su verdadero dinero a su cónyuge para evitar problemas, tienden a ser adictos al trabajo, aunque niegan que lo sean y su mente les vende la idea de que nunca es suficiente.

Su mente desecante les dice que, al terminar de crear su imperio, van a poder descansar, tendrán la anhelada felicidad, satisfacción y equilibrio en sus vidas. Por eso dedican una enorme cantidad de tiempo a su futuro, ya que su mente los hace pensar que será más grande y mejor algún día.

Cuando se habla con el creador de imperios, la mayoría se concentra más en lo que no hicieron, en lo que les falta, en lo que pudieron haber logrado y en todo el potencial que hay por explorar; siempre concentrados en los aspectos negativos de la vida, siempre con ese pensamiento de insuficiencia.

La recompensa es muy halagadora, aquí realmente se tiene el respeto de la sociedad, de hecho, el mundo en el que vivimos, idolatra a los creadores de imperios; suelen ser grandes líderes, poderosos y con gran carisma; así mismo con un gran ego que constantemente está recibiendo estímulos de afuera. Cuando se estudia bien este molde, muchas veces se puede descubrir un profundo miedo en estas personas, hay una fachada que se ponen para evitar perder el control, sentirse abusados, impotentes, sin poder o sufrir una pérdida económica.

Las perdidas o quiebras les han llegado, pero con su talento y ambición, se recuperan rápidamente y llegan incluso más alto que antes; lo que los hace sentir aún más valiosos y poderosos, un creador de imperios tiene una sed insaciable por hacer más y más; por eso es raro que dejen de construir, así hayan excedido ampliamente sus ambiciones.

Un creador de imperios se siente más cómodo construyendo que ganando dinero, de hecho, muchos suelen tener una gran crisis de identidad cuando venden sus imperios por jugosas cifras, luego de eso no tienen ni idea qué ponerse a hacer, ya que su pasión estaba en hacer crecer su idea y no en experimentar una sensación de suficiencia.

En casos más extremos aún, sus imperios caen en crisis porque el sector al que pertenecen entra en picada y no les importa mucho, les encanta inconscientemente la idea de perder para tener que volver a empezar de cero, como les digo, su adrenalina corre es en construir, no en ganar, por eso tienen muchas veces el mandato "perder, para volver a empezar".

Para este molde, su idea de éxito es dejar un legado, ser muy reconocido por la humanidad, algo que realmente está muy bien; pero el costo de permitirse este tipo de vida es demasiado alto, ya que la mente se vuelve estrecha y no reconoce que quizás se aferra demasiado al orgullo, y que se tiene una relación malsana con el dinero y con el trabajo.

Como podemos ver, tomé la parte más negativa de cada molde para construir una versión dañina de la forma de relacionarnos con el dinero, aunque es claro que todos los moldes tienen una historia bastante positiva y que solo cuando me voy a extremos, es que vienen los problemas.

Normalmente, nos identificamos con dos, máximo tres de estos moldes financieros y también es común que uno o dos nos hayan hecho mucho ruido; aquí el ejercicio es muy simple, irse por el camino del medio.

Quiero decir que debemos adoptar la parte positiva de cada molde y debemos incorporarlos a nuestra vida, este equilibrio se logra cuando hacemos las paces con todos los moldes, cuando el rebuscador de bienestar nos invitaría a relajarnos y a disfrutarnos, y el mecenas nos hace solidarizar con un amigo en problemas, mientras que el tacaño revisa bien que no pongamos en riesgo nuestra vida financiera, en tanto que la vedette puede programar una fiesta para recoger fondos y el ingenuo nos contagie con su optimismo y el creador de imperios nos aporte su mirada grandiosa mientras el filántropo se asegure de que nuestro dinero ayude a la sociedad.

Debemos ser más reflexivos con respecto al dinero para conectar con la prosperidad, casi todo el tiempo estamos atrapados pensando en el dinero, nuestras historias básicas están conectadas con él, o con objetos que están fuera de nosotros queramos o no; el tacaño quiere ahorrar más, el rebuscador de bienestar quiere comprar más cosas, el mecenas quiere ayudar a los demás y no darse a sí mismo y así cada molde trae una historia de cinismo.

De este modo la vida nos saca de nuestro interior, pues vivimos en un mundo afuera que nos seduce. Por eso esta historia básica del molde financiero, se formó en nuestros primeros años de vida, casi que somos niños de cuatro años manejando la vida financiera; este molde se instaló como un mecanismo para sobrevivir y evitar el dolor y este molde puede fácilmente controlar el 90 % de las decisiones en nuestra vida adulta, así que esto que hemos visto no es un detalle menor.

Por eso y por honrar nuestra prosperidad, debemos sanar nuestra relación con nuestro niño interior, algo que quizá muchos hayan oído mencionar en algún curso de fin de semana y que realmente no entendieron mucho; pero es vital, ya que ese inconsciente toma decisiones que nos afectan directamente; nada peor que un niño con pataletas tomando decisiones financieras en la vida de un adulto de 40 años, simplemente por llenar vacíos de la niñez y por hacerse sentir.

Recordemos que prosperidad es aprender a estar bien, pase lo que pase y que esto implica hacer las paces con el pasado y tener un dominio básico de nuestras emociones, no se trata de dejar de sentir, se trata de no tomar decisiones en estados de emotividad, y menos decisiones financieras, ya que, con seguridad, cuando somos emotivos respecto a algo, tendemos a cometer errores.

Ahora que ya estamos empezando a comprender cómo nuestra mente va creando esa maraña de datos disfrazados de creencias y mecanismos de defensa, poco a poco vamos dilucidando en nuestra vida una salida, una forma de sentir que es posible cambiar, ya estamos metiéndonos con el *software* de nuestra mente y navegando por las partes más profundas y oscuras de nuestro ser, recuerda que nuestra psicología, condiciona nuestra economía; así que si queremos ver cambios reales en nuestra vida material, debemos estar dispuestos a trabajar enérgicamente en nuestra parte mental y esta parte mental tiene un altísimo componente emocional, para de este modo llegar al tan anhelado siguiente capítulo, que tiene que ver con....

***

En conclusión, la prosperidad no es simplemente una acumulación de riqueza, sino un estado de bienestar integral que se logra mediante la gestión adecuada de nuestras emociones y la conexión con nuestra abundancia interior. A medida que exploramos los diversos moldes financieros, entendemos que nuestras relaciones con el dinero están profundamente influenciadas por experiencias pasadas y creencias adquiridas. La clave para trascender estos moldes reside en sanar nuestra relación con el niño interior, cultivar una mentalidad reflexiva y emocionalmente equilibrada, y tomar decisiones con conciencia.

Al final, recordar que la prosperidad trae consigo una vida plena, llena de significado, donde el dinero respalda la felicidad y la estabilidad emocional, y no al revés. Invito a cada lector a reflexionar sobre su propia relación con el dinero, a reconocer sus patrones financieros y a trabajar hacia un equilibrio saludable que permita no solo prosperar en lo material, sino también en lo emocional y espiritual. Abracemos la prosperidad en su forma más auténtica: estar bien, pase lo que pase.

La Riqueza

La riqueza es la materialización de la abundancia, es la forma física de ver la manifestación de esa energía espiritual a través de formas tangibles y no tangibles.

La riqueza son tus frutos, pero para llegar a esos frutos, el árbol tuvo que estar sembrado y sus raíces absorbiendo nutrientes, también debió tener soporte estructural y ramas para soportar esos frutos.

Creo que no hay mejor analogía que un árbol, para entender el funcionamiento de la vida. El árbol tiene una parte oculta a la vista, que realmente cumple un papel fundamental, las ramas son determinantes y los frutos son una consecuencia, un resultado lógico de lo demás.

Al vivir en el mundo de las apariencias, le damos especial importancia a los frutos, llevando este ejemplo a la vida humana, nuestro entorno de una u otra manera nos condiciona o exige ciertas cosas que deberíamos tener al ir cumpliendo ciertos ciclos de la vida, una casa, un vehículo, viajes, ropa, una pareja, familia, tener determinado estatus social, viajar. Si bien nada de esto está mal, puede llegar a generar una presión impresionante en las personas, al notar que la vida va pasando y esa especie de *check list* no se va cumpliendo, empezamos a vivir en el afuera, buscando cumplir muchas veces el sueño de los demás.

Nuestras sociedades envueltas en este sistema capitalista han hecho oda a la riqueza como cantidad de dinero y usan muchas veces el éxito como referente, desconociendo o sacando al ser de la ecuación y dejando seres humanos persiguiendo algo que no tiene que ver con su propósito de vida, con sus mayores anhelos, con su esencia.

Concentrarse en los bienes y posesiones para medir la felicidad y satisfacción de las personas es un ejercicio interesante. Según una encuesta sobre la felicidad en Estados Unidos, en 1950 se alcanzó el punto más alto de la curva de felicidad. Desde entonces, esta curva ha mostrado una tendencia a la baja. Este dato resulta particularmente relevante porque fue precisamente en esa época cuando comenzó a implementarse el consumo de bienes como una política de Estado. Uno de los asesores del presidente

Dwight D. Eisenhower, llamado Victor Lebow, dijo en esta frase una política económica que aún hoy rige nuestra vida: "Nuestra economía enormemente productiva... pide que hagamos del consumo nuestra forma de vida, que convirtamos la compra y uso de los bienes en un ritual, que busquemos nuestra satisfacción espiritual, nuestra satisfacción del ego, en consumo... nosotros necesitamos cosas consumidas, quemadas, reemplazadas y descartadas a paso acelerado."

Creo que esta frase describe y resume lo que significa el sistema en el que vivimos, como podemos ver, fue diseñado, fue creado para consumir, para buscar afuera nuestros vacíos existenciales, para jugar con nuestro ego y crearnos necesidades; créanme, saber esto, hace que empecemos a sospechar del saber aprendido.

Llenar nuestros vacíos emocionales en el afuera, es una de las actividades que más desgaste mental y financiero podría tener el hombre, en esa ley de saco roto, que nunca se llena, porque no hay nada que llenar, se pierden enormes fortunas, si a esos vacíos emocionales le sumamos el enorme lastre que tienen nuestras creencias, entonces se crea un espectacular caldo de cultivo, donde no sabemos hasta qué punto es interpretación y hasta dónde es realidad.

Cuando estamos en esos estados mentales, resolver situaciones de cualquier índole se hace cada vez más complejo, no solamente del dinero.

Desarrollemos este punto con un ejemplo: a una persona la despiden de su trabajo, digamos que ser despedido del trabajo es una situación neutral, en realidad no podemos saber si es bueno o malo que eso pase, vamos a poner un color azul para esa situación.

Ahora veamos lo que la persona comienza a sentir por esa situación, se siente vulnerada, que no debió hacer X o Y cosa, siente que la empresa no le dio su respaldo, que no sirve para nada, que su familia va a sentir mucho la falta de ese ingreso, que no sabe qué hacer ahora, y así puede quedarse en sus emociones atrapado, por horas y días, vamos a poner a esa interpretación un color amarillo.

Pasados unos días, tanto la realidad como la interpretación, conviven en su cerebro, dándole vueltas a la situación y teniendo incluso pesadillas, se levanta a lamentar su suerte, hasta que llega un momento en que ambos colores se mezclan en su mente y a partir de ese momento, cuando esa persona cuenta la historia, no se sabe qué parte es verdad y qué parte es invención, no se puede determinar realmente si su historia es verídica y si lo es, no sabemos hasta dónde empieza la fantasía, debido a que nos cuenta un color verde.

Tratar de separar en un color verde, la parte azul de la parte amarilla, puede ser un trabajo demasiado dispendioso, si no imposible, de esta manera ha nacido una nueva víctima en este planeta, una persona que, atrapada en su trampa mental, convive bajo un hechizo, bajo una hipnosis, ¿fantasía?, ¿realidad?, no sabemos, por ahora solo tenemos una historia que nos cuentan y que va a repetir muchas veces, aunque de tanto repetirla, obviamente todo será verdad, su verdad.

Se me viene a la mente una tarde de domingo, después de llegar de un curso de hipnosis, mi hija que tenía unos 6 años, me dice que la hipnotice y practique con ella; le hago una hipnosis donde la programo para que crea que es un árbol y la acuesto con su cabeza sobre el espaldar de una silla y sus pies sobre el espaldar de otra silla, de tal manera que su cuerpo erguido, queda en el aire, esta posición no es fácil de sostener para nadie, la cintura se cansaría y doblaría rápidamente, pero en este caso eso no pasa, de hecho, le hicimos fuerza en la cintura para que se doblara un poco, y realmente ella siguió erguida y sin mostrar ninguna señal de cansancio.

Ahora pensemos en el hipnotizador que le hace pensar a las personas que una simple copa de vino pesa demasiado y que es imposible levantarla y moverla de la mesa, pasan personas incluso fisicoculturistas que no logran ni moverla.

Con estos dos ejemplos, quiero mostrar cómo podemos estar hipnotizados, de tal manera que en nuestra vida no haremos lo que somos capaces de hacer, realmente haremos lo que CREEMOS que somos capaces de hacer.

Ahora piensa en el tipo de historia que te cuentas sobre el dinero, ¿qué significa el dinero en tu vida?, ¿qué significaba el dinero mientras estabas creciendo?, ¿cuál es tu dicho favorito sobre el dinero?, ¿qué piensas cuando escuchas historias sobre gente adinerada?

Soy un firme creyente de que todos estamos hipnotizados, algunos más que otros, algunos en unos aspectos diferentes a otros, pero finalmente con hipnosis, con hechizos, algunos empoderadores, pero la gran mayoría, hechizos limitantes, hipnosis que nos venden la idea de un mundo insano, escaso y lleno de amenazas; por eso, si realmente quieres atender este capítulo y atraer la riqueza a tu vida, debes por lo menos tener claro que tienes muchos hechizos, y que ahora no se sabe cuál parte de tu historia es real y cuál es interpretación tuya, y pienso que si quieres sanar tu relación con el dinero, debemos hallar primero la raíz de esos hechizos, darles luz y cambiarlos, de lo contrario, la vida estará llena de lastre inconsciente que cada vez pesa más, por eso nuestro esfuerzo una vez identificados los hechizos, debe estar enfocado en trabajar el ser humano INTEGRAL, la riqueza solo se presenta de la manera adecuada cuando no estamos fragmentados.

A esta altura del libro sabemos que tenemos un cuerpo mental que la mayor cantidad del tiempo está pensando, dependiendo de la calidad y la cantidad de estos pensamientos, nuestro cuerpo emocional que obedece al cerebro maneja unas glándulas, dichas glándulas generan unas sustancias que nos hacen sentir de una u otra manera, esos estados emocionales varían entre la depresión y la euforia, pasando por una serie de estados intermedios; también tenemos un cuerpo físico, este cuerpo hace lo que siente.

Estos tres cuerpos conviven en nosotros y sabemos que los tenemos, pero no tenemos claro dónde empieza uno y termina el otro. Es como mirarse la mano y tratar de definir dónde empieza la palma y dónde el dorso; realmente es una mano y todo está unido.

No sabemos físicamente dónde están nuestros pensamientos, hasta dónde somos emociones y dónde se generan las acciones. Solo sabemos que pensamos, sentimos y actuamos, y ya.

Dicho esto, entonces ¿cuándo nos fragmentamos?

Estamos fragmentados cuando estos tres cuerpos no están en la misma sintonía, por eso debemos enamorarnos de tres palabras que determinan nuestra vida.

Cuando lo que PIENSO, lo SIENTO, a esto le llamamos CONGRUENCIA.

Cuando lo que PIENSO, lo HAGO, a esto le llamamos COHERENCIA.

Cuando lo que yo SIENTO, lo HAGO, a esto le llamamos CONSISTENCIA.

Cuando trabajamos desde la congruencia, la coherencia y la consistencia, estamos generando un ser humano INTEGRAL, una persona que no está fraccionada, una persona que se pone máscaras para cada situación, que actúa aquí de esta manera y en otro ambiente de otra, ser íntegro es sin lugar a dudas un pilar fundamental en el que todo ser humano debería trabajar con ahínco.

La riqueza persigue la excelencia y recuerden esta frase "nuestra psicología, condiciona nuestra economía", por eso la enorme importancia de ver nuestra vida como si fuera una empresa, solo cuando entendemos que tenemos unas áreas, unos departamentos que debemos atender, vamos a poder gestionar mucho mejor la empresa más importante de nuestra vida, YO S.A.

Cuando asumimos realmente nuestro papel de directores de nuestra empresa, vamos a comportarnos como tal, y algo vital para un administrador de empresas es hacer constantemente las famosas juntas directivas, lugares donde básicamente pasa lo siguiente:

A una junta directiva se hacen venir los gerentes de áreas sensibles de la empresa:

Gerente comercial, gerente financiero y contable, gerente de personal, gerente de producción, gerente de proyectos, asesor jurídico, gerente de tecnología.

Una vez en la junta, el gerente general va usando unos indicadores de gestión, datos que califican los resultados de cada una de las áreas de su empresa y a las que responden sus gerentes; por decir una cifra, digamos que la calificación de gestión para cada área va de 0 a 10, siendo cero muy deficiente y 10 perfecta.

Al gerente pasar revisando dichos indicadores, es fácil determinar que el área más débil en gestión, es el eslabón más débil de toda la compañía, que de nada sirve producir demasiado, si el área comercial no vende, que de nada sirve vender demasiado, si el área de producción no cumple con los tiempos, que de nada sirve tener grandes proyectos, si el área financiera no tiene recursos, que de nada sirve hacer inversiones en tecnología, si el área de personal está sin gente.

Cuando lo vemos así, entonces el gerente debe tomar medidas de choque para remediar la situación del eslabón más débil, busca un plan de acción que ayude a que esa área mejore y se ponga a la par de las demás.

En la junta se abordarán diversas actividades con el objetivo de mejorar el rendimiento de la compañía, tales como: contratar más personal, actualizar la contabilidad, realizar promociones para reducir el inventario, mejorar la planta física, entre otras.

Ahora vamos a llevar este ejemplo tan simple a nuestra empresa YO S.A

Esta empresa también maneja unas áreas muy importantes que realmente determinan nuestro nivel de riqueza y desempeño en el mundo.

Área espiritual: tener claro que tenemos un alma, una conexión con un ser superior, con una inteligencia superior, con una energía, con un creador, que todo lo que nos ocurre tiene una naturaleza neutral, que nada nos ocurre por mal, realmente toda crisis encierra una bendición, meditar, respirar profundo, aprender a ver la vida como el director de la película, no como el protagonista. De acuerdo con esto, ¿qué nota te pondrías de cero a diez?

Área mental: las habilidades con las que cuentas para desarrollar aquello que quieres, tus planes y proyectos personales de crecimiento, tu nivel de satisfacción respecto a tu crecimiento personal, el empeño que le pones a las cosas que haces, lectura, estudio, preparación para ser mejor cada día, el manejo adecuado de las inteligencias para el propósito de vida. De acuerdo con esto, ¿Cómo te sientes en una escala del cero al diez en relación con estos aspectos?

Área física: eres una gran compañía y por ende tienes una planta física que mantener, fuerza, potencia, cardio, elasticidad, si tienes buena salud o tienes alguna afectación, tu limpieza física, descanso, alimentación, deporte; tu nivel de satisfacción con tu cuerpo, cómo te valoras, nutrirse de una manera saludable, cuidar los detalles, sonreír. ¿Qué nota te pondrías en tu aspecto físico entre cero y diez?

Área social familiar: somos seres gregarios, por lo tanto, pertenecer a algo es muy importante, nuestra familia es el pilar fundamental y una relación sana con ellos determina muchas cosas en nuestra vida, tu relación con tu madre y tu padre, la relación en general con nuestro núcleo habitacional, nuestros hermanos, nuestra pareja, las relaciones sociales, el nivel de amigos, la calidad de esas amistades, si realmente cuentas con tus amigos y ellos contigo, capacidad para relacionarte con las personas. ¿Cómo te sientes del cero al diez en este aspecto?

Área emocional: una de las menos fáciles de mantener, se refiere a la buena gestión del sentir, al estar presente, enfocarse en el aquí y ahora, sentir y no tomar decisiones desde la emoción, estar consciente de cuando activo el triángulo HPA (Hipotálamo-Pituitaria-Adrenal), es decir, que tanto activo los mecanismos del estrés y de qué forma gestiono mi actuar para salir rápido de esa espiral ascendente de emociones. Con esta información, ¿qué nota te pondrías entre cero y diez?

Área financiera: tus pertenencias, tu nivel de disfrute de esas pertenencias, los avales que te respaldan financieramente, tu nivel de satisfacción con los ingresos actuales, ¿qué tanto te alcanzan para el nivel de vida que deseas?, tu nivel de ingresos futuros ¿qué tanto te emocionan?, tu perspectiva de crecimiento a futuro, lo que sientes frente a tus gastos actuales, tu nivel de prevención frente a los gastos futuros, tus deudas, tus compromisos económicos, tus ahorros. Con estos factores a considerar, ¿cómo te calificarías entre cero y diez?

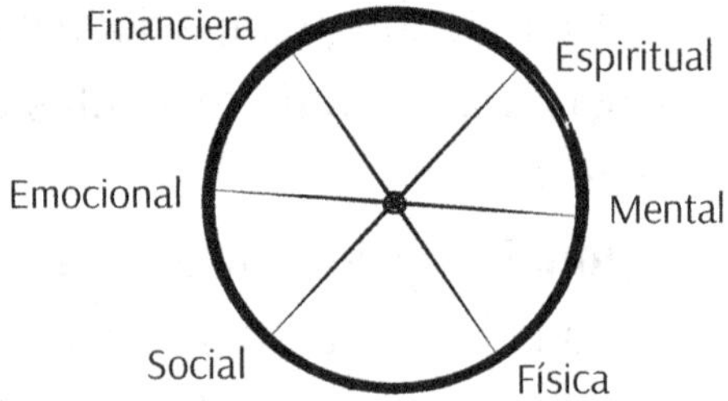

Esta sería una rueda perfecta, ahora vamos a poner nuestras cifras en cada radio de la rueda para determinar nuestro nivel de fluidez por la vida.

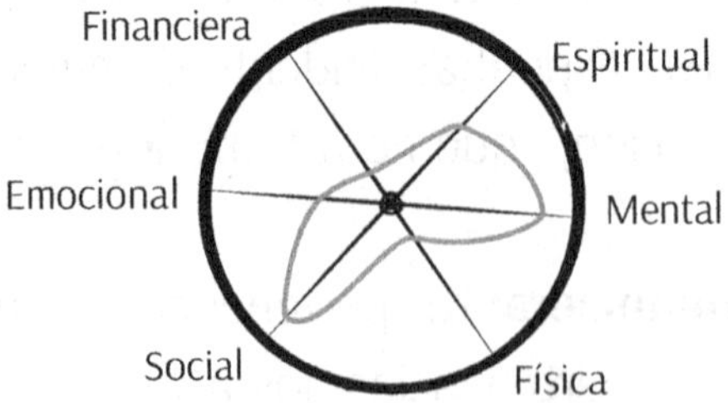

Esta podría ser la rueda de una persona medianamente espiritual, con un gran desarrollo mental y académico, un poco descuidado su aspecto físico, una vida social vibrante, más bien bajo en su manejo emocional y definitivamente mal en su área económica.

Como podemos ver, si le ponemos cuatro llantas a nuestro carro con la forma de la rueda roja, lógicamente no rodaríamos por la vida, de hecho, llegaríamos de un extremo y la llanta se devolvería, seríamos como una mecedora, nos moveríamos todo el día, pero no avanzaríamos, muchas personas están así por la vida, con ruedas defectuosas pensando que el aspecto financiero es el único importante, sin saber que quizás trabajando los otros aspectos, el área financiera podría mejorar por reflejo, me explico:

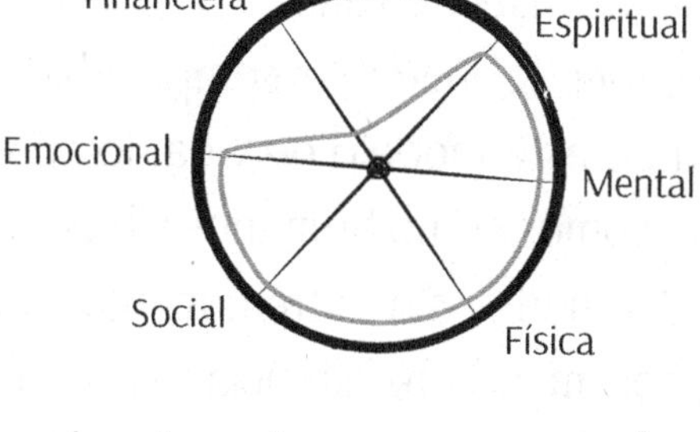

Por experiencia, estoy muy seguro de que es imposible encontrar una rueda como esta, una persona que tenga casi en diez todos los aspectos menos el económico, eso no tiene sentido bajo ninguna circunstancia, toda vez que los problemas de dinero obedecen a muchos factores que se encuentran en esa rueda precisamente.

Así como una empresa no puede tener problemas con sus empleados solamente, seguro hay un tema de salarios, ambiente, clima organizacional, saturación de labores o factores varios, un solo aspecto no puede estar mal, cuando todos los demás están perfectos.

Una mala calificación en el área financiera normalmente arrastra una mala calificación en el área espiritual, muchas veces también en el área familiar y definitivamente un déficit en el área emocional; así que acá aplica la premisa que "los problemas de dinero, rara vez son de dinero", el dinero solo es una consecuencia y por eso en páginas anteriores tocamos el mundo de las consecuencias.

Comprender la increíble complejidad y a la vez simplicidad de este modelo de vida, lo complejos y lo simples que somos como humanos y buscar andar por el camino del medio, sin extremos, hace que nuestra vida fluya con menos resistencia, es de notar que la mayor cantidad de resistencia en nuestra vida es por deformidad de nuestras ruedas, ni siquiera son los baches del camino, salimos a la vida con las herramientas equivocadas, deformes, desinfladas, a enfrentar situaciones en su mayoría normales, pero infladas por las interpretaciones que hacemos y de las cuales es difícil reconocer su verdadera complejidad.

Pienso que el sufrimiento del ser humano obedece en gran parte por querer cambiar aspectos que no dependen de su control y por descuidar aspectos que definitivamente sí están en sus manos.

Queremos cambiar el estado del tiempo, el tráfico, el comportamiento de los demás, la economía mundial, la crisis global, la guerra, el hambre mundial; está bien que muchas de esas cosas nos afectan, pero es importante darnos cuenta de que no está en nuestras manos cambiar eso, por lo pronto podemos enfocarnos en cambiar los aspectos que realmente dependen de mí, si quieres saber cuáles aspectos dependen de ti, solo lee de nuevo la rueda de la vida, cada uno de ellos dependen de mí: meditar, leer, hacer deporte, sanar mis relaciones, controlar mis emociones, aumentar mis ingresos o bajar mis deudas, son cosas que definitivamente están sobre la mesa y que realmente yo puedo hacer algo para cambiarlas.

Lo que pasa es que cambiar implica algo más que deseo, implica acción, debemos tener en cuenta que nuestras redes neuronales llevan años haciendo lo mismo y por esa misma razón ellas encierran tras de sí enormes nudos para evitar cambiar, es como una especie de rechazo natural que se tiene al cambio, evidentemente porque incomoda y en algunos casos, duele.

Aunque muchas veces nos acondicionamos al malestar que implica seguir mal, como si fuéramos adictos al malestar.

Pongamos un ejemplo cotidiano, vas caminando afanado por la calle y empiezas a sentir cierto malestar en un pie, luego a medida que avanzas te das cuenta de que al parecer tienes una piedra en el zapato que te está maltratando, aparentemente es fácil la solución, pero realmente nuestra mente empieza a jugar su papel: no pares, más tarde lo revisamos, sigamos que en la casa lo hacemos, que pena quitarme los zapatos delante de la gente, cuando haya un espacio sin gente lo haremos, mira que si descargo el pie de la piedrecita con menos fuerza, no me duele tanto, mira que si cojeo de un pie, ya no siento a la piedra y finalmente nos quedamos con la piedra en el zapato y no hacemos nada para remediarlo, así sepamos exactamente cuál es nuestro mal, nos inventamos cualquier excusa para no hacerlo y aquí nos conectamos con una de las razones de pobreza y falta ímpetu que más debilita nuestra vida.

La procrastinación

Procrastinar o dilatar en el tiempo, es quizás uno de los mayores males de nuestra mente, esa inacción por las cosas que sabemos que deberíamos hacer y quizás esas actividades que nuestra mente se inventa para no hacer, pueden ser en muchos casos la raíz del sufrimiento de muchas personas.

Es muy probable que hayas sufrido los efectos de la dilación en el tiempo, de hecho la universidad es buen ejemplo, empezamos el semestre, ponemos nuestro empeño y energía en todo al principio, los profesores nos van poniendo algunas tareas para ir desarrollando a lo largo del semestre y de una manera organizada comenzamos a diagramar en la mente cómo la vamos a hacer un poco cada día, para que no se me acumule toda la tarea al final; pero el tiempo va pasando y termino haciendo la tarea la noche anterior.

Todo cambia con la tesis, debemos investigar, organizar y redactar un número muy grande de páginas, por lo tanto, debemos planificar nuestro año y eso en la mente de una persona sería algo más o menos así:

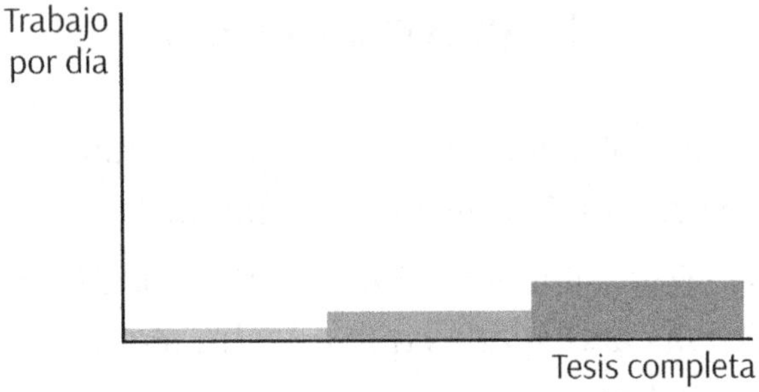

Partimos el año en semanas y vamos pensando que al principio vamos lentamente recopilando información, descargando imágenes y paulatinamente iremos empezando a escribir y al final, tenemos toda la tesis escrita, sin necesidad de trabajar demasiado, de esta forma la haremos de una forma civilizada, sin problemas.

Pero la experiencia nos enseña que eso no sucederá así, el primer cuatrimestre se va volando, a eso le sumamos las múltiples ocupaciones de nuestra vida y la cantidad de excusas lógicas que nuestra mente es capaz de sacar, y entonces debemos hacer una pequeña adaptación a nuestro plan inicial, algo más o menos así:

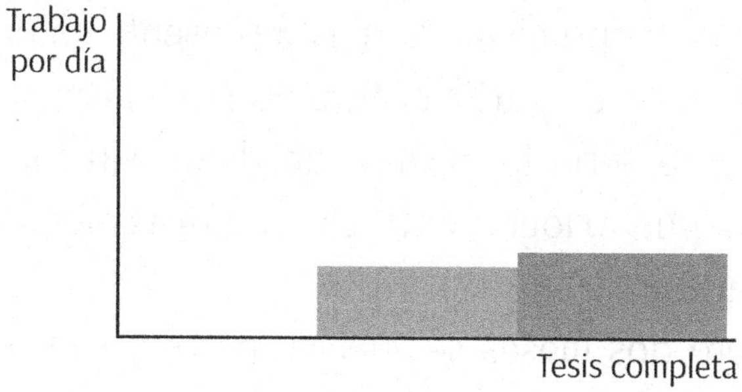

Este ajuste sigue manteniendo todo bajo control, un poco de dedicación en los meses del medio, no bajar la guardia al final y todo seguiría casi que a pedir de boca.

Pero el segundo cuatrimestre, como vino, se fue; ya estamos en la recta final del año y técnicamente no he hecho nada, así que lo que en enero parecía un plan civilizado para lograr un objetivo tranquilo, ahora se convierte en algo parecido a esto:

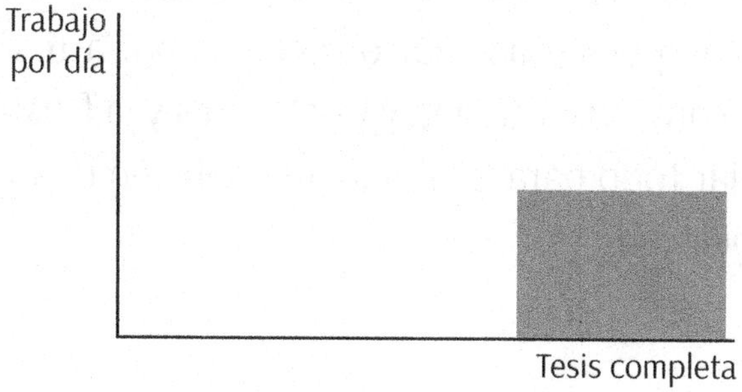

Aquí el optimismo aún está presente en nuestra mente, solo es partir el trabajo por meses y prácticamente sería lo mismo, sin dolor, sin tanto esfuerzo, puedo lograr entregar una tesis digna de ser laureada.

Pero dos meses se vuelven polvo y se van activando alarmas en mi cuerpo, toca acomodar todo a un mes y ya la cosa sería más o menos así:

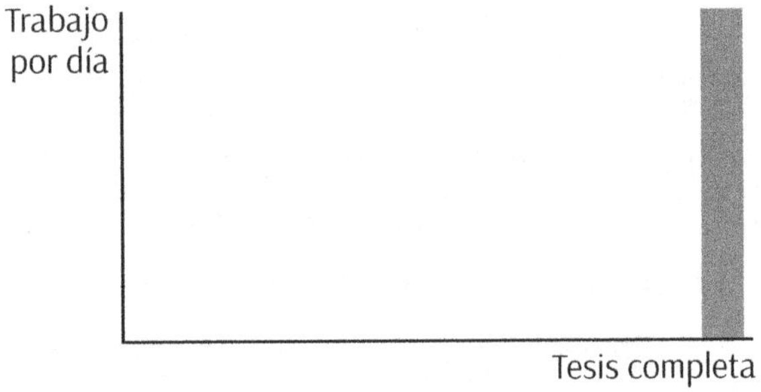

Pero si algo está mal, con seguridad se puede poner peor, pues esas cuatro semanas por arte de magia se convierten en una y ya el estrés y la frustración de dejar todo para lo último, me pone en una gráfica más bien así:

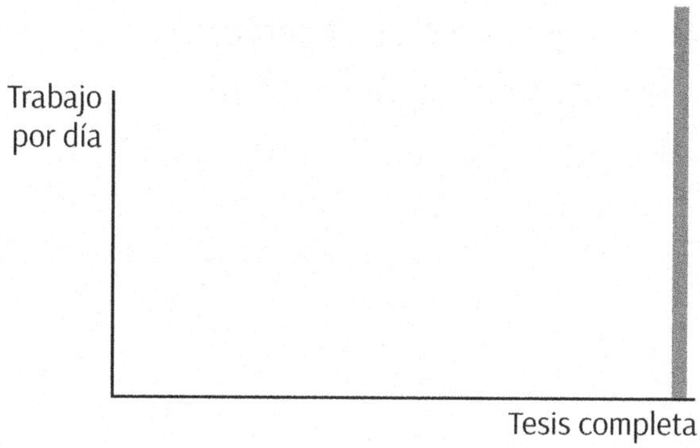

Prácticamente, te enfrentas a recopilar, diagramar y redactar una tesis en dos días, obviamente no vas a tener tiempo de ponerle tantas cosas que habías soñado que llevaría, ya no hay tiempo para hacer nada más que un trabajo mediocre, para cumplir; casi que entregamos la tesis por lo justo, cayendo en cámara lenta para entregarla en el último segundo, cuando tuvimos un año para hacerla perfecta.

Pues bien, este comportamiento de procrastinar, de dilatar el tiempo, es más común de lo que se piensa, si bien hay personas que cumplen con los plazos, podría decirse que son la excepción a la regla, debido a que nuestra mente tiene un sencillo, pero a la vez complejo mecanismo que enreda todo.

Vamos a ver cómo es el cerebro de una persona que no procrastina, según Tim Urban, en una magistral conferencia que pueden encontrar en TED.

Podemos ver que es un cerebro comandado por un capitán que toma decisiones racionales, que sabe que en la vida hay que hacer lo que hay que hacer y punto, pero no estamos teniendo en cuenta el verdadero problema que tenemos con el buen uso de la parte racional, nada más y nada menos que nuestro cerebro emocional:

Nuestra parte emocional generalmente sufre una enfermedad, la gratificación inmediata, queremos que sea ya y de hecho ese tipo de gratificación es uno de los mayores enemigos de la inteligencia financiera, ya que son las emociones quienes se quieren adueñar del timón, por ende, esa parte límbica de las emociones, intenta tomar el control, sin importar que nuestra parte racional quiere hacer las cosas y pone su empeño en desarrollarlas, pero nuestro componente emocional, considera que todavía no es el momento, que podemos hacer una serie de cosas divertidas antes y viene ese diálogo interno:

Nuestro sistema emocional intenta secuestrar nuestra parte racional y nos dice que en lugar de ponernos a hacer lo que sabemos que tenemos que hacer, por qué mejor no nos ponemos a ver el video recomendado de YouTube, o mejor aún, la serie de Netflix de la que todo mundo está hablando, o qué tal si mejor vamos a la nevera a ver si hay algo nuevo ahí que quizás no vimos cuando fuimos hace 15 minutos, y en ese vaivén de emociones frente a la razón, generalmente el sistema emocional lleva las de ganar y se apodera del sistema de decisiones racionales:

Aquí el sistema límbico ya tiene secuestrado el sistema racional, con toda seguridad vamos a perder horas en una espiral de videos de autos de carrera, los mejores goles del mundo, las últimas declaraciones de la cantante de moda, frente a la razón del divorcio de su quinto matrimonio en el último año; es un círculo del cual es muy difícil salir, tenemos infinidad de razones para seguir atrapados en todas esas actividades que realmente no me implican casi ningún gasto de energía, pero si pudiera recibir una descarga de dopamina si reviso mi última publicación en Instagram y me doy cuenta de que le han dado muchos *likes,* como todas estas actividades van a llevar mucho tiempo, el sistema emocional acaba de decidir que es mejor no agendar tareas hoy.

Da la impresión de que el sistema emocional lo pasa de maravilla, es como si viviera en el momento presente, de hecho, a este sistema solo le importan dos cosas: lo fácil y lo divertido.

Ambas suenan de maravilla, pero cabe recordar que nuestro sistema emocional también lo compartimos con una gran mayoría de animales y en el mundo animal, por ejemplo a mi perro, le podría venir bien hacer en toda su vida cosas fáciles y divertidas, de hecho eso lo haría muy feliz; pero estamos en una civilización avanzada y también tenemos un cerebro muy evolucionado que quizás a veces no sabemos liderar, por eso la madre naturaleza nos dio ese motor de decisiones racionales, porque nos permite ver el futuro, tener una imagen más completa de dónde estoy y hacia dónde voy, basado en mis acciones.

Cuando encontramos equilibrio en nuestra vida,

podemos negociar con las emociones una que otra recompensa, definitivamente no todo tiene que ser trabajo y podemos ponernos de acuerdo entre las emociones y el motor racional para tomar un descanso, dar un paseo por la vereda o ¿por qué no?, ver un capítulo de mi serie favorita.

Es decir que podemos darnos recompensas y seguir en nuestro trabajo, algo así como zanahoria y garrote, no dejar que mi mente se vaya para algún extremo, ya que recuerden, la clave es el equilibrio, porque cuando mi mente se queda haciendo solo cosas divertidas o fáciles y sigo atrapado en redes o en videojuegos o en cualquier actividad que implique dilación, caemos en una zona de infelicidad absoluta disfrazada de diversión, la diversión que se tiene en esta zona, está lejos realmente de ser diversión, ya que es totalmente inmerecida y el ambiente está cargado de culpa, temor, ansiedad y hasta odio por uno mismo; un caldo de cultivo para todo procastinador.

Aquí es donde nos preguntamos, ante esta situación, ¿cómo saldremos de esta espiral?, ¿de qué forma daremos el salto hacia la zona de trabajo duro?

Resulta que nuestro cerebro tiene un salvador, un guardián que vela por nosotros en los momentos más oscuros, podríamos llamarlo el guardián del pánico:

Esta parte interviene al sentir una amenaza real, este guardián del pánico permanece inactivo la mayor parte del tiempo, él puede salir cuando una entrega se aproxima demasiado, o cuando hay peligro de vergüenza pública, perder un semestre en la universidad, un desastre en el trabajo, posibilidad de ser despedido del trabajo, o cualquier clase de consecuencia aterradora; lo más importante de este guardián, es que a lo único que le teme es al sistema emocional, aquí realmente se *hackea* nuestra mente.

El guardián del pánico entra en acción y el sistema emocional huye, de ese modo por fin, el motor de decisiones racionales se apodera de la mente y podemos empezar a trabajar, y ahí es donde viene la musa, es difícil de explicar cómo para escribir un simple informe o unas cuantas páginas, pasé semanas sin hacer absolutamente nada, pero una vez que viene el guardián del pánico, logro conectar mis ideas y escribir de una manera decente un informe o lograr una tarea en muy corto tiempo. Como podemos ver, este sistema con estos tres personajes, no es bonito, pero es funcional, se sufre un poco, pero finalmente se logra hacer las cosas, así sea de una manera complicada y contra el reloj.

Ahora bien, les quiero contar que existen dos tipos de dilación, dos tipos de procastinadores, uno de ellos son los que acabo de describir, en donde nos llevamos muy mal con los plazos, pero al final terminamos haciendo las cosas, ya que los efectos de la dilación están contenidos en el corto o mediano plazo.

El otro tipo de dilación que ocurre se da cuando no hay plazos o fechas de entrega, por ejemplo: empezar una segunda carrera, aprender a pintar, algún día tomar clases de guitarra o piano, aprender otro idioma, empezar un emprendimiento mientras sigo en mi empleo, hacer deporte, ver a mi familia, cuidar mi salud, empezar dieta, mejorar mis relaciones o terminar con una relación que no está funcionando y un largo etcétera. Ya que aquí reposan los sueños y anhelos de todos nosotros, en esta zona de no hacer, pero sí de desear, y no hacemos por una simple razón, el mecanismo que tenemos para hacer las cosas es el guardián del pánico y si revisamos bien, en todos esos anhelos, no hay una amenaza por tiempo cumplido, no está en juego mi reputación o mi carrera, tampoco mi empleo, es decir el guardián del pánico no tiene motivo alguno para aparecer en escena, por eso la dilación se posterga indefinidamente y es esta la procrastinación de largo plazo, la que es menos visible y de la que menos se habla, ya que es menos graciosa que la de plazos.

Por lo general se padece en silencio y a solas, de hecho es la fuente de enormes lamentos y de infelicidad a largo plazo, ya que este tipo de dilación nos hace sentir que somos espectadores de nuestra vida, que no tenemos control alguno sobre ella, viene una frustración, no es por no poder alcanzar nuestros sueños, sino por el hecho de no poder ni siquiera empezar a perseguirlos, por eso todos somos procastinadores, algunos de corto plazo y otros sin plazos y creo que este segundo es el más peligroso, porque es una hipnosis de donde no salimos fácilmente.

De este modo, si enlazamos el ejercicio de la rueda de la vida, con la tarea de dejar de procrastinar y empezar a honrar el tiempo como mecanismo de acción inmediata, vamos a encontrarle toda la lógica a la siguiente frase:

"La pobreza, es una suma de horas mal invertidas"

Una de las cosas que en este plano son realmente bien repartidas y de la manera más equitativa, es el tiempo, sin importar tu clase social o el lugar donde vives, tu raza, credo o inclinación política, todos tenemos 24 horas al día, ni un segundo más, ni un segundo menos.

Por eso a manera de ejercicio y como testimonio de que realmente funciona, voy a mostrarles algo que a mí me ayudó demasiado para la buena gestión de mi tiempo, la rebaja en la dilación y la mejora constante en los indicadores de mi rueda de la vida, a esta simple herramienta la llamo: tiempo vertical-tiempo horizontal.

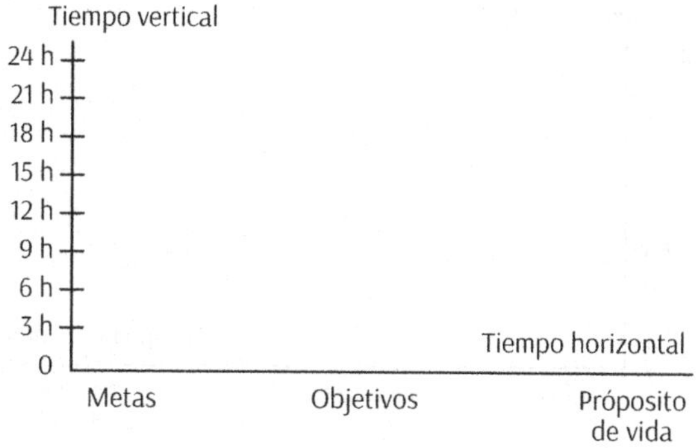

Es conveniente comenzar a definir tu propósito de vida. Las tareas necesarias para alcanzar ese propósito deben organizarse en metas y objetivos, y ser marcadas en una línea horizontal. Esto se sugiere para que puedas empezar de inmediato a tomar acción. Podrías trabajar la rueda de la vida como tu primer objetivo, y para ser conscientes de mi día, al acostarme debería revisar si en todas esas horas después de dormir, ¿hice algo que me acercara a mi propósito de vida, a mejorar mi rueda de la vida, a llegar de un punto a otro?, si la respuesta es NO, entonces aún no te vayas a la cama, trata de hacer una tarea que te acerque a mejorar, quizás un poco de ejercicio, un video de emprendimiento, leer un capítulo del libro de finanzas, agradecer, meditar, hacer yoga, en fin... empezar lentamente a inclinar la línea del tiempo vertical, algo así como esto:

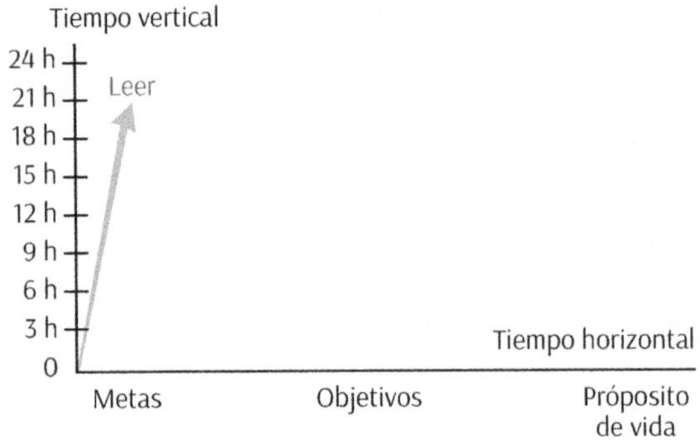

Aquí la línea comienza a tener componentes del eje horizontal, solo con una pequeña acción, pero a medida que soy más consciente y más disciplinado, las redes neuronales lo van volviendo un hábito y probablemente en unos días tus días van a ser así:

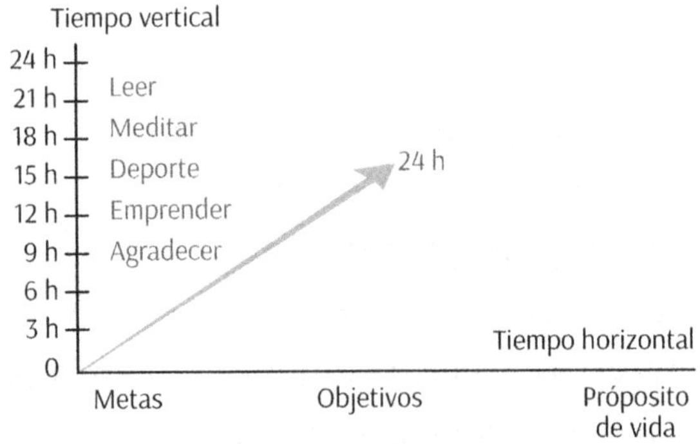

Las mismas 24 horas del día, pero cada vez más en consecuencia a mis metas y propósito, aquí ya estoy viviendo una vida basada en la riqueza, y algún día dejarás de perder el tiempo y vas a moverte en el amor, hasta tal punto que probablemente tu gráfica llegue a ser así:

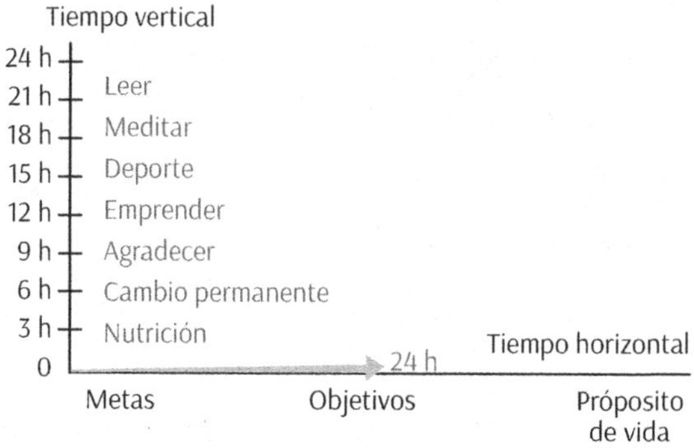

Una vida donde cada minuto sea digno de ser vivido, donde mis niveles de energía se mantengan elevados y tenga claro mi propósito y la firme convicción de que estoy haciendo lo que sé que tengo que hacer, de este modo no cedo a conductas ocasionales, no me derrumba la incertidumbre, tengo la foto completa, el mapa completo, y por lo tanto, destierro el sufrimiento y el malestar de mi vida, los problemas ya no abruman, entiendo que soy más grande que ellos y vivo una vida en armonía, en prosperidad, ya sé estar bien sin importar lo que pase, ya que todo lo que está en esa gráfica y en la rueda de la vida, depende de mí, tenemos control sobre esas decisiones, no tenemos que esperar que se alineen los planetas o que llegue una estación climática, el futuro es ya y por eso mismo debo empezar a hacerme cargo de mi vida y como el tiempo es una herramienta tan poderosa en este plano, tan valiosa que decimos que es oro, entonces el tiempo también es dinero, vamos a honrar el tiempo como si fuera dinero, empecemos a definir el flujo del dinero:

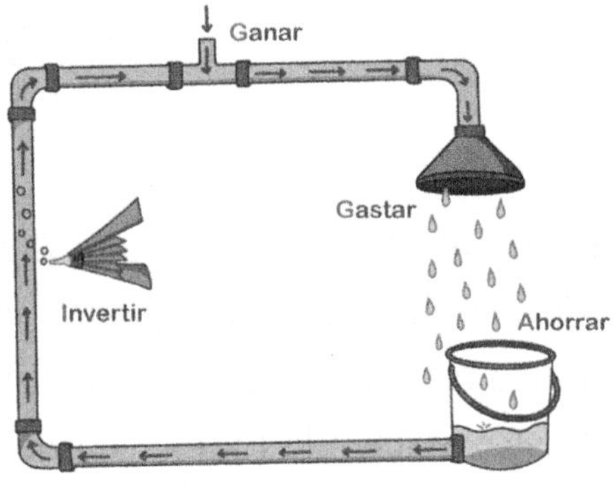

El dinero es como el agua, su principal potencial se activa en la medida que fluye, y este fluir está determinado por un sistema económico, no siempre ha sido con billetes y monedas, pero siempre han existido ricos y pobres, es decir, sin importar el medio de cambio: sal, conchas de nácar, semillas, trueque, o lo que en otras épocas representaba dinero, la gente pobre o rica siempre ha existido.

En cada uno de estos grandes pilares de la economía, hay que detenerse a mirar lo que hay que tener en cuenta para mejorar sus aspectos, porque muchas personas enseñan que el dinero hay que guardarlo o gastarlo lentamente para que alcance y quizás viendo ese gráfico, entendamos otra cosa.

Ganar

El ganar está condicionado por tus creencias, por el nivel de hipnosis que tengas en tu mente, por las redes neuronales de tu niñez en temas referentes al dinero, de hecho, está muy condicionado a la relación de tus padres con el dinero, y en casos más avanzados incluso, a la relación de tus antepasados con este.

Historias de ruinas, pestes, estafas, robos, traiciones, pérdidas de fortunas, y cosas traumáticas, llegan a generar memorias genéticas, programas que se heredan a través de la memoria del ADN, por ende, en esos casos, es probable que se requiera ayuda externa para destapar esa herencia familiar y descodificarla, para mejorar nuestro ganar.

Si bien todos tenemos el potencial de ganar dinero, hay diferencias abismales entre personas para conectar con esa energía, recordemos que de todos modos tenemos un simio interno, un mecanismo de supervivencia que sigue pensando que el mundo es hostil y actúa como tal y nada peor que esa actitud de hostilidad y amenaza para rechazar inconscientemente el dinero.

También influye mucho la capacidad de merecimiento, muchas personas ganan muy bien, por encima de la media y sus cuentas están vacías, ya que sus patrones de crianza hicieron que el niño interpretara que no merece, inconscientemente cree que no vale, que el dinero lo puede meter en problemas (como a su abuelo), que es la raíz de todos los males, o simplemente abusa de su molde financiero de ingenuo o altruista.

Aunque las condiciones familiares, espaciales y sociales no nos determinan por completo, son de gran importancia. Los casos de personas que logran superar barreras educativas, familiares, de pobreza e injusticia social no son raros, pero no representan la mayoría. En realidad, la mayoría queda atrapada en la realidad que vivió, y salir de esa situación se vuelve cada vez más difícil. Por lo tanto, una de las razones por las que se gana poco definitivamente tiene que ver con las oportunidades disponibles.

Tenemos cientos de historias de éxito de personas que en medio de la adversidad sacaron lo mejor de sí y se labraron un camino que los llevó a la cima, pero repito, son excepciones, los índices de pobreza lo reflejan, este sistema deja mucha gente por fuera de la media de una vida digna; si usted está leyendo este libro, eso lo hace una persona muy por encima de la media, podría asegurar que frente a muchos países o barrios pobres dentro de grandes ciudades, usted sería calificado como rico; así que todo lo que tiene que ver con dinero, representa un observador, y desde ahí se construye una realidad.

Ganar dinero también puede verse afectado por historias de abusos: de poder, manipulación, abuso sexual; donde el niño se queda en una historia que lo hace pensar de manera inconsciente que el dinero encierra dolor y por eso lo rechaza en la vida adulta, ya que relaciona la figura abusiva como una imagen de dinero.

Y bueno, en los moldes del dinero hablé sobre la forma en la que cada uno de ellos se dio de acuerdo con su relación inicial con el dinero, desde la escasez, la avaricia o cualquier otro patrón. Finalmente, el ganar está condicionado por la historia de cada persona y es muy importante trabajar en esa niña o niño herido, para poder sanar el adulto que tenemos hoy.

¿Quieres aumentar tu nivel para GANAR? Debes elevar tus niveles de energía y convertirte en la persona adecuada para recibir más dinero. Recuerda: ganamos la cantidad exacta de dinero que somos capaces de manejar. No luches contra esto; es una ley. En lugar de eso, trabaja en aumentar tu capacidad, y verás cómo tu flujo de dinero también aumenta.

Aumentar los niveles de energía tienen que ver con trabajar la rueda de la vida, subir la energía del cuerpo espiritual meditando, agradeciendo; del cuerpo emocional sanando las relaciones, trabajando las creencias; del cuerpo físico siendo consciente de mi alimentación, mis relaciones, mi nutrición, mi deporte.

Recordar la rueda de la vida es muy importante en este punto.

Gastar

El gasto también viene muy influenciado por las creencias, si recordamos los moldes financieros, hay muchos que gastan de manera impulsiva, obedeciendo a la creencia de morir en la ruina, otras personas gastan con miedo como el tacaño; el gastar tiene mucha influencia de las emociones y para eso nuestro sistema económico incluso se une con el político, para ponernos a gastar desde el sentir.

Hemos tocado no pocas veces el tema de las emociones, porque realmente no es un detalle menor, es nuestro tendón de Aquiles y es muy fácil emocionarnos para tomar decisiones de compra: los colores, los aromas, la música, la ubicación de los productos, los comerciales, las promociones, la forma de poner precios terminados en 99, hace pensar que es un sistema que nos condiciona, que realmente invierte tiempo y recursos en atacarnos y que debemos tratar de dar al menos la batalla, por lo menos ser cada vez más conscientes de la existencia de ese sistema y de lo automático que caemos en él.

El gastar tiene dos motores que mueven la economía, la obsolescencia programada y la obsolescencia percibida, voy a explicar cómo funciona y como nos pone a gastar:

La obsolescencia programada indica que las cosas son diseñadas para que se dañen, podemos notarlo fácilmente en los celulares o computadores, donde ya los puertos no son iguales y cada determinado tiempo debes cambiar la máquina, porque el componente A no es compatible con el componente B. Por lo tanto, ya no hay una tecnología que los haga hablar, ejemplos son miles: bombillos, neveras, televisores, radios, llantas de vehículos, cada una de esas cosas son diseñadas para ser desechadas, ante este fenómeno podemos hacer muy poco, salvo tratar de reparar donde más se pueda y estimular la economía local.

Pero hay cosas que no puedes diseñar para que se dañen demasiado pronto, es más, hay cosas que es ideal que no se dañen, ya que eso habla bien de las marcas, pero si producen cosas que no se dañan, entonces ¿cómo podrán seguir vendiendo?

Para eso se inventaron la obsolescencia percibida, una forma en la cual la misma sociedad a través de los medios de comunicación, las redes sociales y la presión del entorno, nos hacen creer que estamos fuera de moda "OUT", cuando nuestro modelo de celular ya tiene sus años, el sistema nos señala que ya es hora de cambiarlo, cuando nuestro auto no es precisamente un clásico, pero ya lleva un tiempo rodando, vamos sintiendo la presión por cambiarlo, un jean por ejemplo, no es algo que se deba diseñar para ser desechado, de hecho son prendas que duran demasiado, para eso se inventaron las modas, las pasarelas determinan qué usar y que no, cada estación es un ropero diferente y esas tendencias se vuelven globales cada vez más rápido, y empezamos a percibir que debemos comprar.

Esas ganas de gastar, de estar "IN", no es más que

un sistema emocional secuestrado, un nivel de deseo que nos pone a gastar, una desconexión con la mente racional y peor aún, con la inteligencia espiritual, por eso cuando trabajamos nuestras emociones y nuestra espiritualidad, ocurre magia en nuestra vida, porque se ve reflejado muy pronto en el plano físico.

Si quieres usar tu dinero de manera adecuada, te comparto un método antiguo que aprendí en un libro llamado "El hombre más rico de Babilonia", y que aún está vigente. Es un método que, aunque quizás no puedas aplicar inmediatamente en tu vida, ofrece una visión de hacia dónde debemos dirigirnos financieramente.

Se trata de porcentajes que se guardan en cuentas o sobres y se van destinando en diferentes cosas de la vida, en el siguiente cuadro podemos ver el método:

Cuenta	**Porcentaje**
Inversiones largo plazo (se reinvierten los huevos, nunca la gallina)	10 %
Diversión	10 %
Inversiones mediano plazo (se pueden comer los huevos, no las gallinas)	10 %
Educación	10 %
Contribución a la humanidad	10 %
Gastos	50 %

Inversiones largo plazo: la propiedad raíz, por ejemplo y su rendimiento se debe reinvertir, por eso los huevos no se comen.

Diversión: porque debemos compensar mentalmente el ahorro, debemos también darnos placer, recuerda que tenemos un niño interno.

Inversiones mediano plazo: bolsa de valores, mercado de divisas, cripto finanzas, en este caso puedes sacar las utilidades, pero nunca tocar el capital.

Educación: para poder saber de mercados, aprender a evaluar proyectos, asesorías de mentores, eso es invertir en el IQ financiero.

Contribución: si quieres ser rico, evalúa tu nivel según la cantidad de dinero que eres capaz de donar. Por ejemplo, si donas mil dólares mensuales, esto indica que tienes unos ingresos de diez mil dólares. ¿Qué tal si empiezas a programar tu mente para donar diez mil dólares mensuales? Existen muchas causas nobles, fundaciones, centros de salud, becas que puedes beneficiar; además aumentarás la vibración planetaria, recibirás la energía del universo, demostrando que eres agradecido y que tienes capacidad de desprendimiento.

Gastos: debemos aprender a vivir con la mitad de nuestros ingresos; no se trata de bajar gastos, realmente el reto es aumentar ingresos; entiendo que es fácil verse tentado a bajar gastos, la mente nos lleva a ese extremo porque lo ve bastante viable, pero volvamos a la figura del flujo del dinero.

¿Qué pasaría si pones un balde debajo de la ducha y abres la llave totalmente durante un minuto?

El balde recibe 12 litros de agua.

Ahora vacío el agua y repito el procedimiento, pero esta vez tapo la mitad de los orificios de salida de la ducha con silicona. ¿Qué pasará?

Pasado un minuto el balde solo tiene 8 litros de agua, pero además el agua saldría con mucha más presión y finalmente los 4 litros restantes no están guardados en la ducha, ya que no tiene un recipiente que lo retenga; entonces, ¿qué pasó?

Cuando gastamos menos, ganamos menos, el dinero, así como el agua, se va para el sistema buscando a quién servirle, al igual que el agua, se devuelve al sistema de acueducto, buscando a un usuario para servirle; como podemos ver, bajar gastos básicos no es una opción tan llamativa, porque nos pone a vibrar desde el miedo y con esa emoción vamos a repeler el dinero.

Ahorrar

Es muy probable que asumir el sistema de gasto con porcentajes propuestos por *El hombre más rico de Babilonia* no sea una opción por el alto nivel de endeudamiento que podrías tener, para ellos propongo el plan "Bola de nieve" para pagar las deudas en tiempo récord. Para ellos vamos a seguir los pasos de la siguiente figura:

Cuenta	Saldo total	Pago mínimo	Cuotas pendientes	Pago nuevo	Cuotas faltantes
Farrabella	$480.000	$40.000	12		
Flamenco	$2.400.000	$80.000	30		
Masterca	$5.000.000	$200.000	25		
Fornicard	$10.000.000	$250.000	40		

Vamos a organizar nuestras deudas de menor a mayor valor, su monto total y su pago mínimo mensual, basados en esto sabremos cuántas cuotas o meses nos faltan; ahora bien, vamos a duplicar el pago mínimo de la deuda más baja, de este modo nuestro nuevo cuadro quedaría así:

Cuenta	Saldo total	Pago mínimo	Cuotas pendientes	Pago nuevo	Cuotas faltantes
Farrabella	$480.000	$40.000	12	$80.000	6
Flamenco	$2.400.000	$80.000	30	$80.000	24
Masterca	$5.000.000	$200.000	25	$200.000	19
Fornicard	$10.000.000	$250.000	40	$250.000	34

Este simple paso hace que, de 12 cuotas, paguemos en 6, los demás pagos siguen siendo los mismos y 6 meses después hemos pagado la primera deuda, así las cosas, vamos a cancelarla y a pasar ese dinero para pagar más rápido la segunda deuda, así:

Cuenta	Saldo total	Pago mínimo	Cuotas pendientes	Pago nuevo	Cuotas faltantes
Eliminar tarjeta					
Flamenco	$2.400.000	$80.000	30	$160.000	24
Masterca	$5.000.000	$200.000	25	$200.000	19
Fornicard	$10.000.000	$250.000	40	$250.000	34

Por lo tanto, esas 24 cuotas bajarán a la mitad y el nuevo cuadro va a quedar así:

Cuenta	Saldo total	Pago mínimo	Cuotas pendientes	Pago nuevo	Cuotas faltantes
Eliminar tarjeta					
Flamenco	$2.400.000	$80.000	30	$160.000	12
Masterca	$5.000.000	$200.000	25	$200.000	7
Fornicard	$10.000.000	$250.000	40	$250.000	22

En este punto, la segunda deuda también ha sido cancelada, y ese dinero se suma a la tercera deuda. De esta manera, pagaremos la tercera deuda en la mitad del tiempo, así:

Cuenta	Saldo total	Pago mínimo	Cuotas pendientes	Pago nuevo	Cuotas faltantes
Eliminar tarjeta					
Eliminar tarjeta					
Masterca	$5.000.000	$200.000	25	$360.000	7
Fornicard	$10.000.000	$250.000	40	$250.000	22

Con ese nuevo capital, la tercera deuda está muy próxima a ser saldada y la cuarta deuda se pagará más rápidamente, así:

Cuenta	Saldo total	Pago mínimo	Cuotas pendientes	Pago nuevo	Cuotas faltantes
Eliminar tarjeta					
Eliminar tarjeta					
Masterca	$5.000.000	$200.000	25	$360.000	3
Fornicard	$10.000.000	$250.000	40	$250.000	19

Así queda la última deuda:

Cuenta	Saldo total	Pago mínimo	Cuotas pendientes	Pago nuevo	Cuotas faltantes
Eliminar tarjeta					
Eliminar tarjeta					
Eliminar tarjeta					
Fornicard	$10.000.000	$250.000	40	$610.000	8

Como podemos ver, el tiempo de pago de las cuatro deudas se redujo considerablemente al añadir solo 40 mil pesos colombianos (10 USD), adicionales, esa sola cifra cambia el futuro de todas las deudas y lo que antes demoraba casi 4 años, ahora tarda esto:

Cuenta	Saldo total	Pago mínimo	Cuotas pendientes	Pago nuevo	Cuotas faltantes
Eliminar tarjeta					
Eliminar tarjeta					
Eliminar tarjeta					
Eliminar tarjeta					
Tiempo inicial de pago: 40 meses (3 años y 4 meses) Tiempo final de pago: 29 meses (2 años y 5 meses)					

El plan Bola de nieve es el claro ejemplo de cómo una pequeña acción sostenida en el tiempo cambia el resultado de lo que sea, de hecho, este ejercicio es real, solo cambiamos los nombres de las deudas, pero los montos son iguales.

Estar sin este tipo de deudas, para que nuestros ingresos lleguen más elevados a nuestro bolsillo y podamos tomar acciones que tiendan a pensar en ahorro e inversión, ya que no tiene sentido hacer inversiones, cuando tenemos deudas en tarjetas de crédito que cobran intereses casi de usura, por eso es ideal ponerse en línea con las deudas.

Mucha gente me dice que no les queda dinero para administrar, pero que, si algún día les queda algo de dinero, comenzarán a administrarlo. Esto es tan absurdo como decir que cuando baje 10 kilos comenzará a ir al gimnasio; primero debo administrar para que me pueda quedar, recuerden que un gramo de acción vale más que un kilo de pensamiento.

Invertir

Invertir significa voltear, sembrar, es un campo de acción impresionante que hoy más que nunca ofrece enormes posibilidades; requiere conocimiento, aprendizaje consciente, comprender el vehículo de inversión que elijo.

Las inversiones a grandes rasgos se dividen en dos tipos: renta fija y renta variable; la primera, como su nombre lo indica, tiene un riesgo menor, obviamente los rendimientos son bajos, los productos más conocidos de renta fija son los CDT y los bonos.

El mundo de la renta variable es netamente especulativo, aquí el abanico se abre a emprendimientos, especulación para operar acciones, futuros, materias primas, divisas, cripto finanzas, propiedad raíz, etc.

Lo mágico de las inversiones es que a medida que incrementamos nuestro IQ financiero, vamos teniendo mejores rendimientos de nuestro dinero, así que las inversiones van a comenzar a generar utilidades, mismas que llegaran a sumar a mi casilla de ingresos.

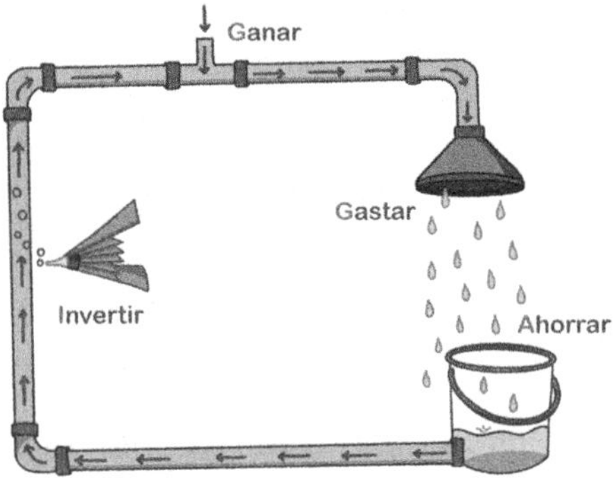

Así se va aumentando mi GANAR, y eso hará que aumente mi gastar, mi ahorrar y mis inversiones, convirtiendo este dibujo, en un bucle cerrado que hace de mí una persona libre financieramente, cuando logramos entender el juego del dinero, tendremos claro que no es escaso y tampoco es físico, simplemente es un fluir por la vida.

Debemos impedir que nuestra mente nos siga manejando desde los hechizos y mandatos de creencias limitantes, empezar a sanar la historia que tenemos frente al dinero, recuperar mi poder espiritual, para que las emociones no estén rondando en mi toma de decisiones y usar mi mente racional para manejarlo, de este modo la riqueza viene como una consecuencia lógica, con una energía cada vez en aumento, como seres humanos genuinos, responsables de nuestra realidad y conectados con nuestra esencia divina.

En este mundo de las consecuencias, podemos afirmar una vida plena, cuando alcancemos tres valores que nos convierten en seres humanos de consciencia, el primero es la SABIDURÍA, este valor no tiene nada que ver con la inteligencia, puedes acumular un IQ muy alto, pero nadie te busca para que lo aconsejes, porque realmente no eres sabio, solo tienes saber acumulado, la sabiduría tiene que ver con la mentalidad, con la forma que tengo para conectar cosas que en apariencia no tienen conexión, por lo tanto, la sabiduría nos vuelve creativos, nos conecta con la energía universal y cuando somos sabios, viene a nosotros la TEMPLANZA, este valor nos forma en el buen manejo de las emociones, con templanza dejo de rendirme a conductas ocasionales, ya no caigo en la gratificación inmediata que tanto daño le hace a las finanzas, tampoco soy víctima de las bajas pasiones, de los miedos, del deseo, del orgullo, la templanza me hace ver el sacrificio como: cambiar algo bueno, por algo mejor.

Cuando desarrollamos la templanza, viene a nosotros la FORTALEZA, el buen manejo de nuestro cuerpo, el desarrollo de hábitos que me den poder, la buena gestión del hacer.

SABIDURÍA, TEMPLANZA y FORTALEZA, manejan tres aspectos vitales del ser humano, EL PENSAR, EL SENTIR y EL HACER; por lo tanto, cuando me conecto desde estos tres principios básicos, mi vida se mueve desde la COHERENCIA, la CONSISTENCIA y la CONGRUENCIA, la clave para ser un humano íntegro, con cero fraccionamientos, con mi PENSAR, mi SENTIR y mi HACER alineados, definitivamente es un triángulo mágico que nos cambia los resultados en nuestra vida.

Podemos fortalecer ese triángulo desde cualquiera de sus lados. Puedes comenzar desarrollando tu fortaleza personal a través de cambios en tu estilo de vida, como hacer ejercicio regularmente, alimentarte de manera saludable, mejorar tus hábitos de sueño, tomando acción hacia tu propósito

También puedes entrar al triángulo por tu templanza, manejando tus emociones, controlando tus instintos, dejando de tomar decisiones desde lo emocional, entendiendo que la mayoría de nuestros errores se cometen por tener hinchada la emoción, siendo conscientes de los momentos en que tengo activados los mecanismos de huida, ataque o parálisis, trabajando plenamente en mi temperamento, y conociendo el para qué de mis emociones.

O podemos acceder por la Sabiduría, esta nos invita a llevar una vida reflexiva, una vida tranquila, donde entendemos el poder sanador de todo aquello que nos pasa, teniendo claro que cada cosa es por nuestro bien y que así como la felicidad son momentos, la tristeza también, de este modo se expande mi nivel de consciencia y se cierra el triángulo, ya que al ser más sabio, tengo más templanza y al tener más templanza, tendré más fortaleza, por lo tanto, ya estoy en el camino del humano virtuoso, una vida donde soy protagonista, director y crítico, ya no pierdo mi tiempo tratándome como víctima, el camino que quiero lo voy labrando con una de las grandes y a la vez pequeñas cosas que tengo en mi mano, EL PODER DE TOMAR DECISIONES.

***

En conclusión, la riqueza es mucho más que una simple acumulación de bienes materiales; es un reflejo de nuestra congruencia, coherencia y consistencia como seres humanos. A través de la analogía del árbol, se nos recuerda que los frutos del éxito son el resultado de un profundo trabajo interno, donde nuestras raíces espirituales, mentales, emocionales y físicas deben estar en sintonía para florecer. Al enfrentar las creencias limitantes que fragmentan nuestra identidad y nos llevan a la procrastinación, tenemos la oportunidad de reconstruir nuestra relación con el dinero y la abundancia.

Es vital adoptar un enfoque integral hacia la vida, trabajando en cada área de la rueda de la vida para generar un equilibrio que favorezca la prosperidad. Se nos invita a ser conscientes de nuestras decisiones y a cultivar la sabiduría, la templanza y la fortaleza en nuestro día a día. Solo así podremos actuar como verdaderos directores de nuestra propia vida, garantizando que cada acción, pensamiento y emoción estén alineados con nuestras metas más profundas.

Invito a cada lector a reflexionar sobre su propia vida y a comprometerse a realizar pequeñas, pero significativas acciones que lleven a un cambio positivo. La riqueza, en todos sus aspectos, está al alcance de quienes se atreven a trabajar en su interior y a afrontar los desafíos con valentía y determinación. Es momento de tomar el control de nuestras decisiones y construir, desde la integridad, la vida plena que merecemos.

EL **DINERO** ESTÁ
EN LA **MENTE**

Se imprimió en Colombia
en agosto de 2024